名作で身につく
心に残る英単語

Learning from Masterpieces

著
倉林 秀男
石原 健志

くろしお出版

Preface　はじめに

外国語学習において、どうしても避けて通れないのが単語と文法です。これをもっと楽しく、そして知的な読解を通して深めていけないかと私たちは考えてきました。そんなときに、英米で広く読まれている名作を題材として、単語や表現を中心に学べる本にしてみようということになりました。大人が読んでも楽しめる文学作品の「冒頭」部分を読むことで、そこに出てくる単語、コロケーション、文法が理解でき、頭に入ってくるような解説を付けました。ストーリーと一緒に頭に入れておくだけで、「あの物語に出てきた単語だ。あのときは、こんな意味で使われていたから、今回も同じ意味になるだろう」と記憶から簡単に引き出すことができるようになるはずです。

ここで扱っている単語や表現は、日常生活でお目にかかることが少ないと思われる方もいらっしゃると思います。各種検定試験の単語リストと違うかもしれないと感じるかたもいらっしゃるかもしれません。例えばみなさんは、「メロスは腕に唸りをつけてセリヌンティウスの頬を殴った」という文を読んだときに、何事もなく意味がわかるはずです。「腕に唸りをつけて」という表現から、メロスが思いっきり腕を振りかぶった姿が目に浮かぶはずです。ですが、私たちは日常的に「腕に唸りをつけて」という言葉を使うことはありません。自分が使わなくても、意味がわかるということが重要なのです。単語を覚えるということは自分が使う、使わないという基準ではないのです。覚えた単語が次に出てきたときに、違う文章の中にあっても意味がわかるという状態にしなければならないのです。メロスの例に戻りますが、私たちは「唸る」という単語をどこかの段階で覚えたのです。それを覚えて、知っていたからこそ、この１文を読んで、「メロスが思いっきり腕を振りかぶってセリヌンティウスの頬をぶん殴った」ということが理解できるのです。極端な例だったかも知れませんが、様々な単語を貪欲に覚え、頭の中に入れておけば、そのうちどこかで役に立つときが来る（かもしれないし、来ないかもしれない）のです。

文学作品は、情景描写や心理描写のための単語や表現などを学ぶのに適しています。

今回、lurch「千鳥足で歩く」という単語を扱いましたが、これは英検1級に出てくるような単語です。このような単語を単語のリストで覚えようとすると、「どこで使うか分からないけれど、とりあえず覚えておくか」と訳語を暗記することになります。しかし、本書を通じて文学作品の中で出会うことで、このような単語も具体的なイメージを持って覚えることができるでしょう。イメージを伴って覚えた単語は忘れにくいものです。

さらに、普段は文学作品を読まない、という人もぜひ本書を通じて英語を学びながら文学作品を楽しんでほしいと思います。「タイトルやあらすじは知っていたけど、英文で読んだことがない」という人にもきっと新しい発見があるでしょう。

作品の選定から、扱う単語やコロケーション、文法項目に至るまで倉林と石原で常に連携しながら、互いの足りない部分を補い合いながら、地道な執筆を支え合いながら進めてきました。さらに、本書の企画段階から完成に至るまで全ての内容に目を通し、著者たちと議論をくり返しながら、的確な助言をしていただくだけではなく、発音記号の確認といった最も煩雑な作業をお手伝いくださった、くろしお出版の岡野秀夫さんと、池上達昭さんには感謝申し上げます。このような試行錯誤の中から生まれた本書を通じて、読者の皆様の英語学習に役立つと同時に、文学作品を楽しむきっかけにしてもらえたら幸いです。なお、本文に対する和訳は既に出版されている多くの翻訳を参考にしていますが、単語学習を優先し、原文の直訳に近い形になっています。興味を持った作品があれば、続きを優れた翻訳を脇に置きながら、原文にチャレンジしてください。

2024年12月

倉林秀男　石原健志

本書の構成

本書は英米文学の名作8作品の冒頭部分を取りあげ、その中に出てくる身につけてほしい単語を中心に解説をしました。本書の構成は下記のようになっています。

本文

文学作品の冒頭部分の英文です。身につけてほしい英単語、熟語等は青字にしています。

意味

本文の日本語の訳例です。青字の英単語に対応した日本語訳も青字にしています。本文の内容に興味を持ったら、訳書や原書にチャレンジしてみましょう。

単語・語法

英単語、熟語、連語などについて詳しく解説しています。英単語には発音記号をつけました＊。また、関連情報を「さらに」として収録しています。

＊発音記号は、IPAと基本として、国内外の辞書の発音記号を参考にしました。

文法のポイント

英文を読む際に押さえておきたい箇所には文法解説をつけています。

Alice's Adventures in Wonderland
Lewis Carroll

Alice was beginning to get very tired of sitting by her sister on the bank, and of having nothing to do: once or twice she had peeped into the book her sister was reading, but it had no pictures or conversations in it, "and what is the use of a book," thought Alice "without pictures or conversations?"

So she was considering in her own mind (as well as she could, for the hot day made her feel very sleepy and stupid), whether the pleasure of making a daisy-chain would be worth the trouble of getting up and picking the daisies, when suddenly a White Rabbit with pink eyes ran close by her.

There was nothing so very remarkable in that; nor did Alice think it so very much out of the way to hear the Rabbit say to itself, "Oh dear! Oh dear! I shall be late!" (when she thought it over afterwards, it occurred to her that she ought to have wondered at this, but at the time it all seemed quite natural); but when the Rabbit actually took a watch out of its waistcoat-pocket, and looked at it, and then hurried on, Alice started to her feet, for it flashed across her mind that she had never before seen a rabbit with either a waistcoat-pocket, or a watch to take out of it, and burning with curiosity, she ran across the field after it, and fortunately was just in time to see it pop down a large rabbit-hole under the hedge.

In another moment down went Alice after it, never once considering how in the world she was to get out again.

The rabbit-hole went straight on like a tunnel for some way, and then dipped suddenly down, so suddenly that Alice had not a moment to think about stopping herself before she found herself falling down a very deep well.

聞いてみよう

本文を通しで聞けるよう、各章で取り上げた英文を再録しています。音声は、次のサイトで聴くことができます。（https://www.9640.jp/books_995/）。

📖 主な略記号

名	名詞	〈　〉	まとまった表現、定義
動	動詞	＝	同義語
助	助動詞	≒	類義語
形	形容詞	⇔	反対語
副	副詞	(s), (S)	subject、主語
前	前置詞	(v), (V)	verb、動詞
接	接続詞	(o), (O)	object、目的語
間	間投詞	*do*	動詞の原形
|	米音・英音の区切り	*doing*	動詞の -ing 形（動名詞または現在分詞）
(　)	①省略可、②日本語訳	*done*	動詞の過去分詞
〔　〕	単語の補足情報	*one*	人
[　]	言い換え可能	*oneself*	再帰代名詞（その人・それ自身）
(　)	語義の概念	▶cf.	〜を参照

5

Contents もくじ

Chapter 1
ALICE'S ADVENTURES IN WONDERLAND 『不思議の国のアリス』
作者　ルイス・キャロル　Lewis Carroll　出版年：1865年 ………………… 7

Chapter 2
Animal Farm 『動物農場』
作者　ジョージ・オーウェル　George Orwell　出版年：1945年 ………………… 23

Chapter 3
A Christmas Carol 『クリスマス・キャロル』
作者　チャールズ・ディケンズ　Charles Dickens　出版年：1843年 ………………… 39

Chapter 4
1984 『1984』
作者　ジョージ・オーウェル　George Orwell　出版年：1949年 ………………… 53

Chapter 5
Pride and Prejudice 『高慢と偏見』
作者　ジェイン・オースティン　Jane Austen　出版年：1813年 ………………… 67

Chapter 6
The Great Gatsby 『グレート・ギャツビー』
作者　スコット・F・フィッツジェラルド　F. Scott Fitzgerald　出版年：1925年 …… 93

Chapter 7
The Picture of Dorian Gray 『ドリアン・グレイの肖像』
作者　オスカー・ワイルド　Oscar Wilde　出版年：1891年 ………………… 111

Chapter 8
Wuthering Heights 『嵐が丘』
作者　エミリー・ブロンテ　Emily Brontë　出版年：1847年 ………………… 129

Chapter 1

ALICE'S ADVENTURES IN WONDERLAND
『不思議の国のアリス』

作者　ルイス・キャロル　Lewis Carroll
出版年：1865 年

　　今でも読み継がれる不朽の名作といってもよい『不思議の国のアリス』は、オックスフォード大学の数学科教授チャールズ・ドジソンによって書かれました。ドジソンは出版の際に筆名をルイス・キャロルとしました。

　　この物語は、幼いアリスが目の前を「なんてことだ、遅れちゃう」といいながら横切ったウサギに驚き、追いかけていくとウサギの穴に落ちていくところから始まります。たどり着いた部屋で見つけた小瓶を手に取り飲み干すと、体が小さくなってしまいます。そして困っているところで目の前にあったケーキを食べると今度は体がどんどん大きくなり、悲しくて涙があふれ出してしまいます。彼女の涙はみるみるうちに大きな池になります。再び体が小さくなった彼女は自分の涙の池にはまり、集まった動物たちに助けてもらいます。その後、アリスはチェシャ猫、ねむりねずみ、おかしな帽子屋、トランプの兵士や女王に出会い、いくつもの不思議な体験をします。

本文 ❶

Alice was beginning to get very tired of sitting by her sister on the bank, and of having nothing to do: once or twice she had peeped into the book her sister was reading, but it had no pictures or conversations in it, "and what is the use of a book," thought Alice "without pictures or conversations?"

意 味

　アリスは川岸の土手でお姉さんの隣に座り、そして何にもすることがないのでとてもつまらなくなってきました。一、二度お姉さんが読んでいる本をこっそりと見たのですが、挿絵も、会話もありませんでした。「この本は何の役に立つの？」とアリスは思いました。「絵もおしゃべりもないなんて」

単語　語法

get tired of *doing*
〜がつまらなくなる、〜に飽きる、〜にうんざりする

bank　/bæŋk/
名　川岸、土手、湖岸

銀行の bank とは語源が異なる。北欧のノルド語の「砂州」などから由来していると考えられる。

once or twice
数回、何度か、一度か二度

さらに▶ not once or twice では「一度や二度ではない」から「何度も」という意味になる。

peep　/piːp/
動　こっそりと見る、チラッと見える

peep into で後ろに「本」や「部屋」などの語句が続き、「こっそりと何が書かれているか［何があるか］覗く」という意味になる。

peep through は後ろに「カーテン」「ブラインド」「鍵穴」などが続くと「すきま（aperture）から覗く」という意味になる。
peep at A は「文字」「人」などの語句が続き、「A をこっそり覗く」。
» peep at us from behind the curtain　カーテンの陰から私たちをこっそり覗く
peep over A は「身体部位」や「壁」などの視界を遮るものが続き、「A 越しに覗く」「A の向こうを覗く」。
» peep over *one*'s shoulder　肩越しに覗き込む

use　/juːs/　〈発音注意〉

名　使うこと、使い方、使用、〔否定文・疑問文で〕役立つこと
■ Is there any use in saying that sort of thing?
（そんなことを言って何になるのですか？）
「役に立つことがあるか？」という表現が使われるときは基本的には「反語」の意味を持ち、「そんなことを言っても何にもならない」となる。

　文法のポイント

> "and what is the use of a book," **thought Alice** "without pictures or conversations?"

主語 + think / ask / say などの伝達節の倒置

　この文の thought Alice は主語と動詞が入れ替わった倒置形。ここでは「本って何の役に立つの」と読み手に伝え、その後に「そう思ったのはアリスでした」のように、「思ったのは誰か」に焦点を当てるために倒置させている。またその後には〈条件〉として without ...（〜がないのに）が続く。

　ちなみに、what is the use of a book という疑問文は、アリスがさし絵も会話もない本のことを「そもそも役に立たない」、「ちっともおもしろくない」つまり「何になるのか？」と思っていることを伝えている。否定的に自分の主張を強く述べるときに、強調して表現したい場合、疑問文で表すことがある。このように、疑問文を用いて、自分の考えを反語として述べる文を修辞疑問文と呼ぶ。発音をするときのイントネーションは下降調になる。

本文 ❷

So she was considering in her own mind (as well as she could, for the hot day made her feel very sleepy and stupid), whether the pleasure of making a daisy-chain would be worth the trouble of getting up and picking the daisies, when suddenly a White Rabbit with pink eyes ran close by her.

意味

そこで、彼女は自分の心の中で考えていました（できる限り、というのも暑い日ですごくねむたく、ぼんやりとしてきたからです）。ヒナギクの首飾りを作るのも楽しいけれど、わざわざ立ち上がってヒナギクを摘みにいくまでの価値はなさそうです。そんなとき突然、ピンクの目をした白いウサギが彼女の真横を走っていったのです。

単語 語法

consider /kənsídər/

動 〜をよく考える

「熟考する、考慮する」という意味で用いられる場合、consider は後ろに wh- 節を取ることがある。また、進行形で用いられることも多い。

- I was considering what I wanted.
  （私は何が欲しいかじっくり考えていた。）
- Britain is still considering whether to send thousands more troops.
  （英国はさらに数千か、それ以上の兵を派遣するかどうか検討中である。）

mind /maɪnd/

名 心〔思考・判断・知性・記憶などと関連する〕、知性、思考

さらに heart は愛情・気分・気持ちなど、感情と関連する「心」を表す。
in my heart は自分が深く感じていること。
in my mind は自分が知的に信じていること。

as well as S could

S ができる限り

■ I spoke English as well as I could, and tried desperately to speak more English.
（私は、自分ができる限り英語を話し、もっと英語が話せるように必死に努力した。）

for s + v

接 というのは s + v だからだ

前に述べたことの（判断）理由を補足的に示す。▶cf. P. 48 for I don't know how ＋期間

stupid /stjúːpəd | -pɪd/

形 〔人の行為などが〕愚かな、ばかげた、〔疲労、空腹、眠気、恐怖などで〕ぼんやりと、無感覚で

sleepy and stupid は stupid with sleep としてもよいが、ここでは、sleep の s と stupid の s を and で挟んで繰り返す（頭韻）という作者の言葉遊びになっている。

pleasure /pléʒər/

名 喜び、楽しみ

» the pleasure of the table　食事の楽しみ

ここでは the pleasure of making a daisy-chain（ヒナギクの首飾りを作ることの楽しみ）が無生物主語構文の主語になっている。訳出の際には「ヒナギクの首飾りを作るのは楽しいけれども」のように譲歩の形にするとよい。

さらに ▶ ［無生物主語のはたらきと訳し方］
①理由「〜するので」、②条件「（もし）〜すると」、③手段「〜すれば（〜することにより）」、④目的「〜のために」、⑤譲歩「〜だけれども」のようにすると上手くいくことがある。

worth /wəːrθ/

形 〜の価値がある、〜に相当する、〜に匹敵する

次のような be worth the A というコロケーションは頻出である。

» be worth the effort　努力する価値のある

» be worth the price　値段に見合う

» be worth the wait　待つだけの価値がある

» be worth the time and effort　時間と労力だけの価値がある

trouble /trʌbl/

名 骨折り、困難、心配、迷惑

the trouble of *doing*　わざわざ〜すること
be worth the trouble　苦労をする価値がある、苦労の甲斐がある

文法のポイント

, when suddenly a White Rabbit with pink eyes ran close by her.

関係副詞の非制限用法

この〈, when ...〉は「〜したとき」という副詞節ではなく、関係副詞の非制限用法として「そして、そのとき S + V した」という意味で、直前の内容である「アリスがあれこれ考えていたとき」に対する〈補足情報〉となっている。

特に関係副詞の非制限用法は〈, when ...〉で直前の内容に続けて「そして、そのとき」や〈, where ...〉で「そして、そこで」のような情報の追加のはたらきをする場合が多い。

本文 ❸

There was nothing so very remarkable in that; ① nor did Alice think ② it so very much out of the way ③ to hear the Rabbit say to itself, "Oh dear! Oh dear! I shall be late!" (when she thought it over afterwards, it occurred to her that she ought to have wondered at this, but at the time it all seemed quite natural);

意味

そのことについてはものすごく珍しくはありませんでした。さらにアリスはウサギが「ああ、なんてことだ。遅れてしまう」と独り言を言っているのを聞いても珍しいことだとは思わなかった。(そのことを後にじっくりと考えてみると、それを不思議だと思うべきだったと、頭に浮かんだのですがそのときは、まったくもって普通に思えたのです。)

remarkable /rɪmáːrkəbl/
形 特筆すべき、目立った、珍しい

本文のように there is nothing remarkable … （〜は珍しいことはない／〜に特筆すべき点はない）は頻出表現なので、そのまま覚えておこう。

■ To the untrained eye, there is nothing remarkable about this result.
（素人目には、この結果に特筆すべき点はない。）

out of the way
珍しい、異常な　▶cf. P. 31

say to *oneself*
独り言を言う、自分自身に言い聞かせる

dear　/dɪər/
間　まあ、なんて

shall　/弱 ʃəl ;（子音で始まる語の前で）ʃə ;強 ʃæl/
助　〜だろう、〜でしょう
I shall は I will と同じように〈未来〉を表す。イギリス英語でやや古い用法。

think over A／ think A over
A についてじっくり考える、慎重に考える、再考する = reconsider
■ Let me think it over.
（それはじっくり考えさせてください。）

afterwards　/ǽftərwərdz | ɑ́ːf-/
副　〔すでに述べた事柄の〕後で = afterward、その後
» shortly afterwards　その後まもなく

occur　/əkə́ːr/
動　起こる、思い浮かぶ
ふと（突然）考えが思い浮かんだことを表すときは、it occurs to 人 to *do*／ it occurs to〈人 that s＋v〉「人に〜すること（〜ということ）が心に浮かぶ」という形で使われることが多いので、このまま覚えてしまおう。
■ It suddenly occurred to me to ask my dad for help.
（ふと父に助けをもとめようと思いついた。）
■ It occurred to him that he should apologize for his mistake.
（彼は自分の間違いを謝るべきだと気づいた。）

ought to *do*

～すべきである

〈ought to have＋動詞の過去分詞形〉「～すべきだったのに（しなかった）」という〈have＋動詞の過去分詞形〉を伴った表現はよく使われる。「やっておけばよかった」や「今になってはどうしてそれをしなかったのだろう」というような文脈で用いられる。

❗ 文法のポイント

①**nor did** Alice think ②**it** so very much out of the way [③to hear the Rabbit say to itself]

think (O)**it** (C)**very so much out of the way**

① 否定語が出てくると倒置が起こる（疑問文の語順になる）

nor *do* A の形で「A もまたない」という意味を表す。nor の後には主語と助動詞（*do*やbe動詞）の倒置が起こり、Yes / No 疑問文と同じ語順になる。

② think it ... to do の it が指すものは？

まず think は think OC と第 5 文型の形をとり「O を C と思う」という意味。したがって、think (O)it (C)very so much out of the way ... とすれば「it をとても珍しいと思う」という意味だとわかる。また、it が指すものは、to hear ... 以下である。これは it が形式目的語で後ろの〈to 不定詞〉を受けていると捉えよう。そうすると、think の本当の目的語（真目的語）は to hear ... 以下だとわかる。

③ 知覚動詞 hear の後に続くのは？

hear, see, feel など五感を使って物事を認識する動詞の後に〈O ＋動詞の原形〉が続くと「O が～するのを聞く（見る、感じる）」という意味になる。この to hear the Rabbit say to itself は「そのウサギが独り言を言っているのを聞く」という意味になる。

本文 ❹

but when the Rabbit actually took a watch out of its waistcoat-pocket, and looked at it, and then hurried on, Alice started to her feet, for ①it flashed across her mind that she had never before seen a rabbit with either a waistcoat-pocket, or a watch to take out of it, and ②burning with curiosity, she ran across the field after it, and fortunately was just in time to see it pop down a large rabbit-hole under the hedge.

意味

しかし、そのウサギがベストのポケットから（懐中）時計を実際に取り出して、それを見て、それから慌てて急ぎ足でいったときに、アリスはすかさず立ち上がりました。というのも、ベストを着たウサギや、ましてやそこから時計を取り出すウサギなんてこれまでに一度たりとも見たことがないという考えがよぎったからです。そして、知りたくてうずうずしたので、ウサギを追って野を駆けていき、そしたら幸運にも生け垣の下にある大きなウサギの穴にウサギが飛び込んでいくのをちょうど目にすることができたのです。

take A out of B
B から A を取り出す
- The magician took a rabbit out of his jacket.
（そのマジシャンは上着からウサギを取り出した。）

hurry on
〔止まらずに〕慌てて急ぎ足で行く
» hurry on to say 〔他人に話す時間を与えず〕話し続ける

start to *one*'s feet
〔驚いて〕ぱっと立ち上がる
さらに start のほかに jump, leap, spring, scramble を使うことができる。

flash across *one*'s mind

〔考えなどが〕ぱっと思いつく、ひらめく

さらに across のほかにも into, through が使うことができる。

mind のほかにも consciousness で、flash across *one*'s consciousness とすることもある。

» A flash across B　A が B にぱっとよぎる、現れる

■ A smile flashed across her face.
　（微笑みが一瞬彼女の顔に表れた。⇨ 彼女は一瞬微笑んだ。）

もともと「ぴかっと光る」という意味から、「ぱっとひらめく」「ぱっと現れる」と意味が広がっていく。

burn with curiosity

〔心の中で〕知りたくてうずうずする、好奇心に燃えて

さらに burn with を用いて感情や欲求を比喩的に表すことができる。

» burn with love　恋の虜になる

» burn with desire to *do*　〜したい欲望でうずうずしている

» burn with passion　情熱に燃えたぎっている

» burn with shame　恥ずかしさで真っ赤になる

run across A

〔A が場所のとき〕A を走って横断する、A を駆ける

» run across the street　道を走って横断する

» run across the field　野原を駆ける

さらに 〔A が人のとき〕A を偶然見つける、A に偶然出会う

in time

間に合って、やがては

» be in time to *do*　〜するのに間に合って、遅れずに〜する

pop down

ちょっと訪れる、立ち寄る、ぴょんと飛び込む

» pop down to A　A にちょっとひとっ走り行く

■ Will you pop down to the supermarket for me?
　（ちょっと私の代わりにスーパーまでひとっ走り買い物に行ってもらえる？）

hedge　/hedʒ/

名 生け垣、境界線、ぼかした表現

文法のポイント

... ① it flashed across **her mind that** she had never before seen a rabbit ...

① her mind に続く that 節について

(S)it (V)flashed across her mind は「itが彼女の頭をよぎった」と読めるが、このitが形式主語で、that she had ... 以下が本当の主語（真主語）だとわかるとよい。ここでは that 以下の出来事がアリスの頭の中でぱっと思い浮かんだということを表している。この形は、先ほど扱った think it ... to do のような形式目的語を伴う形と結びつけることができる。

and ② **burning with** curiosity, she ran across the field after it

② ... burning ... は分詞構文

and の後に続く burning with curiosity は、その後に続く she ran across ... と合わせて、〈現在分詞 ...., s+v〉というまとまりで「～なので、s+v した」と捉えよう。これはS+Vの前に〈分詞句〉が伴う形で、分詞構文と呼ばれるものである。この分詞句が文頭に現れる場合は〈条件〉「（もし）～したら」や〈理由〉「～するので」という意味になることが多い。ここでは、「好奇心に燃えて」という〈理由〉の意味で解釈するとよい。

本文 ❺

①In another moment down went Alice after it, ②never once considering how in the world she was to get out again.

The rabbit-hole went straight on like a tunnel for some way, and then dipped suddenly down, so suddenly that Alice had not a moment to think about stopping herself before she found herself falling down a very deep well.

意味

次の瞬間には、アリスはそれを追いかけ下に降りていきましたが、いったい

再び出られるかということをちっとも考えていませんでした。
　ウサギの穴はトンネルのようにずっと長くまっすぐ続いていました。そして突然、急な傾斜になっていました。いきなりだったので、アリスは自分を止めようと考える間もなく、気がつくととても深い井戸に落ちていきました。

in another moment
次の瞬間には、たちまち

疑問詞 + in the world
〔疑問詞を強調して〕いったい
how in the world の in the world は、疑問詞 how を強調して「いったい全体どうやって」という意味となる。

go on
続く、起こる
たいていは go straight on で「まっすぐ続く」「まっすぐ行く」の意味で使われる。

for some way
ずっと〔長い距離〕

dip　/dɪp/
動　～を〔液体などに〕ちょっと浸す、〔道路・土地などが〕傾斜する、〔鳥・飛行機などが〕急降下する

have a moment to think about *doing*
～について考える時間がある
ここでは have not a moment to think about *doing* になっているため「～について考える間もない」となる。アメリカ英語で *do* not have となるところが、イギリス英語なので have not となっている。
さらに▶ take a moment to think about ... で「～について少し考える時間を取る」。
■ Take a moment to think about how you'd support a friend through the setback you've experienced.

（あなたが経験した挫折を通して、友人をどのようにサポートするか、少し考えてみてください。）

文法のポイント

① In another moment **down went** Alice after it,

① 先行する文脈を受ける副詞句と場所句倒置構文

文頭の In another moment は、先行する事柄を受け「たちまち、次の瞬間に」という時を表す副詞句。このような〈時の副詞句〉は、読み手（聞き手）に「その次の瞬間」に「どんなことが起こるのだろう？」という期待をさせる役割を担っている。また、down went Alice という部分は、本来、Alice went down という語順だったものが、(場所の副詞)down＋(V)went＋(S)Alice のような倒置になっている。このように、英語では、場所を表す副詞（句）が文頭にくると、主語と動詞の順序が入れ替わることがある。これを〈場所句倒置〉と呼ぶ。

一般に、〈場所句倒置文〉は、存在や出現を表し、主語には「新しい情報」がくる場合に用いられると考えられている。例えば、(場所句) Under the tree (V)sat (S)a man.「木の下に、一人の男が座っていた」のように、場所句倒置文の主語は不定冠詞のついた名詞句が一般的である。ところが、アリスは物語の冒頭から登場しているので、新しい情報ではない。実は、場所句倒置された文全体が「新しい情報」としてはたらいている。つまり、アリスが今まで地上にいた場面から、穴から落ちて地下での場面に移った、すなわち物語が大きく動き始めることを表している。

... ,② **never once considering** how in the world she was to get out again.

② never once considering ... は分詞構文

considering ... は分詞構文である。その前に置かれている副詞 never once は「全く〜ない」「一度たりとも〜ない」という意味で once が never を強調している。not once とすることもある。never once considering ... は「一度たりとも〜を考えたことがない」という意味である。

ちなみに、was to get out again には〈be＋to 不定詞〉が使われている。〈be＋to 不定詞〉は「予定」「運命」「可能」「命令」「当然・義務」といった意味を持つとされ、ここでは how という疑問詞があることからも「どうやって外に出られるのか」という「可能」の意味で捉えておくのがよい。

Alice's Adventures in Wonderland

Lewis Carroll

Alice was beginning to get very tired of sitting by her sister on the bank, and of having nothing to do: once or twice she had peeped into the book her sister was reading, but it had no pictures or conversations in it, "and what is the use of a book," thought Alice "without pictures or conversations?"

So she was considering in her own mind (as well as she could, for the hot day made her feel very sleepy and stupid), whether the pleasure of making a daisy-chain would be worth the trouble of getting up and picking the daisies, when suddenly a White Rabbit with pink eyes ran close by her.

There was nothing so very remarkable in that; nor did Alice think it so very much out of the way to hear the Rabbit say to itself, "Oh dear! Oh dear! I shall be late!" (when she thought it over afterwards, it occurred to her that she ought to have wondered at this, but at the time it all seemed quite natural); but when the Rabbit actually took a watch out of its waistcoat-pocket, and looked at it, and then hurried on, Alice started to her feet, for it flashed across her mind that she had never before seen a rabbit with either a waistcoat-pocket, or a watch to take out of it, and burning with curiosity, she ran across the field after it, and fortunately was just in time to see it pop down a large rabbit-hole under the hedge.

In another moment down went Alice after it, never once considering how in the world she was to get out again.

The rabbit-hole went straight on like a tunnel for some way, and then dipped suddenly down, so suddenly that Alice had not a moment to think about stopping herself before she found herself falling down a very deep well.

単語・表現

get tired of *doing*	〜がつまらなくなる
bank	川岸の土手
once or twice	一度か二度
peep	こっそりと見る
use	役立つこと
consider	〜をよく考える
mind	心
as well as S could	Sができる限り
for s+v	というのは S+V だからだ
stupid	〔疲労、空腹、眠気、恐怖などで〕ぼんやりと
pleasure	楽しみ
worth	〜の価値がある
trouble	骨折り
remarkable	珍しい
out of the way	珍しい
say to *oneself*	独り言を言う
dear	なんて
shall	〜だろう

think over A / think A over	A についてじっくり考える
afterwards	後で
occur	思い浮かぶ
ought to *do*	〜すべきである
take A out of B	B から A を取り出す
hurry on	慌てて急ぎ足で行く
start to *one*'s feet	ぱっと立ち上がる
flash across *one*'s mind	〔考えなどが〕ぱっと思いつく
burn with curiosity	〔心の中で〕知りたくてうずうずする
run across A	〔A が場所のとき〕A を駆ける
in time	間に合って
pop down	ぴょんと飛び込む
hedge	生け垣
in another moment	次の瞬間には
疑問詞＋ in the world	いったい
go on	続く
for some way	ずっと〔長い距離〕
dip	〔道路・土地などが〕傾斜する
have a moment to think about *doing*	〜について考える時間がある

Chapter 2

Animal Farm

『動物農場』

作者　ジョージ・オーウェル　George Orwell
出版年：1945 年

　とある牧場で人間に搾取されていた動物たち。耐えきれなくなった動物たちは革命を起こし、人間たちを追い出し、自分たちの理想とする社会を作ろうというところから物語の幕が開きます。理想を掲げ動物たちをひとまとめにしたのが、老豚のメイジャー。このメイジャーが息を引き取ってまもなく、念願の革命が成功し「動物農場」が設立されます。そこでは「全ての動物が平等である」など 7 つの理念が打ち出され、人間に搾取されず、理想とする生活を送ることができるようになりました。しかし、指導的立場にあった雄豚のスノーボールとナポレオンの間に軋轢が生じ、スノーボールは農場を追われます。そして、ナポレオンの独裁となり、革命当初に掲げた理念を都合良く書き換えていくのです。ナポレオンたちはアルコールを摂取したいがために、「アルコールは飲んではいけない」という規則を「アルコールは過剰に飲んではいけない」とし合法化します。こうして、どんなに崇高な理念を掲げても、権力者によって、都合よく理念が書き換えられ、社会が腐敗していくさまが描き出されます。この物語は、ロシア革命とその後のソヴィエトの行く末を描いたものだといわれています。

本文 ❶ 🔊 2-1

Mr. Jones, of the Manor Farm, had locked the hen-houses for the night, but was too drunk to remember to shut the pop-holes. With the ring of light from his lantern dancing from side to side, he lurched across the yard, kicked off his boots at the back door, drew himself a last glass of beer from the barrel in the scullery, and made his way up to bed, where Mrs. Jones was already snoring.

意 味

マナー・ファーム（荘園農場）のジョーンズ氏は夜間の鶏小屋の戸締まりをしたが、ひどく酔っぱらっていたので、動物用の扉を閉め忘れてしまった。左右にぶらぶらと揺れ動くランタンからの丸い明りで、彼は千鳥足で庭を横切り、裏口でブーツを蹴り飛ばしながら脱いで、洗い場で樽から最後の一杯にとビールを注ぎ、上階のベッドまで上がって行った。そこにはジョーンズ夫人が既にいびきをかいていた。

単語 語法

hen-house /hénhaʊs/
名 鶏舎

pop-hole /pɑ(ː)phoʊl | pɔp-/
名 動物の通り抜け用の穴

dance /dǽns | dɑːns/
動 踊る、〔光・影などが〕踊るように動く、揺れる

「音楽に合わせて踊る」という意味が比喩的に拡張して、光・影が揺れている様子を表す。単に「揺れる」を意味する swing などを使うよりも「生き生きと揺れる様子」を表す。今回は酔っぱらっているジョーンズさんに合わせてランタンが揺れている様子を表すために dance が使われている。

» dance to A　A〔音楽など〕に合わせて踊る

» dance the night away　一晩中踊りあかす

from side to side

左右に、横に

» swing [sway/dance/move] from side to side　左右に揺れる／動く

特に「船・ボート」の場合、rock from side to side とも表現する。

■ Don't rock the boat from side to side.

（ボートを左右に揺らさないで。）

さらに 「前後に」は back and forth。

» move [go/switch/rock] back and forth　行ったり来たりする

■ Our eyes move back and forth quickly while they are closed.

（目を閉じている間、私たちの目は素早く揺れるように動く。）

lurch　/ləːrtʃ/

動 よろめく、ふらふら歩く、千鳥足で歩く= stagger、〔恐怖やショックを受けて〕心臓が締めつけられたりする

■ He lurched to his feet.

（彼は千鳥足で歩いた。）

■ Immediately, my heart lurched.

（突然、心臓が締めつけられた。）

語源的には航海用語の「突然の大波で船が急に傾いて揺れる」に関連する語で、人間が揺れる様子を表す語へと意味が拡張した。

さらに leave O in the lurch で「O（困っている人）を見捨てる」= abandon という意味がある。

draw　/drɔː/

動 〜を注ぐ= pour、引く

■ The bartender drew a beer from the barrel.

（バーテンダーは樽からビールを注いだ。）

barrel　/bǽrəl/

名 樽、〔液体を測る単位〕バレル

1 バレル = 石油で 159 リットル、ワインなどで 119 リットル

» a barrel of crude oil　原油 1 バレル

scullery　/skʌ́ləri/

名 食器洗い場、食器置き場

make *one*'s way ...

~に向かって進む、進出する、成功する

- Each day at dusk we made our way slowly home.
(毎日、夕暮れ時になると、私たちはゆっくりと家路についた。)

make *one*'s way の後には to A（A のほうに）や through A（A を通り抜けて）が続くことが多い。

 make 以外にも「どうやって移動するか」を表す動詞と共に使う。

» push *one*'s way　押し分けて進む
» walk *one*'s way　歩いて進む
» elbow *one*'s way　肘で押しのけて進む

snore　/snɔːr/

　いびきをかく

文法のポイント

With the ring of light from his lantern **dancing** from side to side, he lurched ... .

付帯状況 with O *doing*（O が〜した状態で）

〈with O doing〉で付帯状況「O が〜したまま」を表すので、With (o) the ring of light ... (doing) dancing ... は「光の輪が揺れながら」という意味になる。つまり、後に続く he lurched ...（彼が千鳥足で歩いた）に伴って起こっている状況を〈with O *doing*〉で表している。O と *doing* は能動態の主語と動詞のような関係で、「O が *doing* する」と捉えよう。

さらに、〈with O *done*〉のように過去分詞が続く場合があり、この場合は「O が〜される」という受け身の意味を表す。また、〈with O 形容詞〉や前置詞句の場合もあり、基本的に現在分詞の場合と同じように「O が〜したまま」という意味になる。

He sat on the beach with his arms crossed.
(彼は腕を組んだままビーチに座った。)
I slept with the window open.
(私は窓を開けたまま眠った。)
With the flowers in his hand, Shane walked toward his wife.
(花を手にシェーンは自分の妻の方へ歩いて行った。)

chapter 2 | Animal Farm

本文 ❷ 🔊 2-2

As soon as the light in the bedroom went out there was a stirring and a fluttering all through the farm buildings. ①Word had gone round during the day that old Major, the prize Middle White boar, had had a strange dream on the previous night ②and wished to communicate it to the other animals.

意 味

寝室の明かりが消えるとすぐに、農場の建物全体に鼓動と、はためきがあった。メイジャー爺さんという（品評会で）受賞した中白種の雄豚が、前夜に不思議な夢を見て、それを別の動物たちに伝えたいという知らせが行き渡っていた。

単語 語法

as soon as s＋v

～するとすぐに、～と同時に

さらに▶ as soon as possible（できるだけ早く）は、省略して ASAP /éɪsæp/ とすることもある。

■ Please look at this e-mail and get it sorted out ASAP.
（このメールを見て、早急に対処してください。）

go out

消える、外出する、デートする、交際する

■ The lights went out.
（明かりが消えた。）

■ They've been going out ever since.
（それ以来、彼らはずっと付き合っている。）

stirring　/stə́ːrɪŋ/

名 動くこと、活動、〔革命・季節などの〕鼓動

ここでは、stirring が何かが起きる予兆となる動きや鼓動を表す、a stirring and a fluttering という表現は、これから農場で起きる騒動の予兆を表していると考えられる。

27

fluttering /flʌ́tərɪŋ/

名 はためき、羽ばたき

all through A

A 全体に = throughout、A 中に
- I cried all through the movie.
  （私はその映画中、泣いていた。）

word /wə́:rd/

名 〈不可算名詞〉〈(the) word (of / that 節) で〉〔～の、～という〕知らせ、消息、うわさ = rumor

さらに▶ word has it that ...（噂では～と聞いている）という表現もある。it は that 節を指す形式目的語。
- Word has it that the prime minister is resigning.
  （噂によると、首相は辞職するようだ。）

word と that 節は word that ... のように連続することもある。
- The president has sent word that he wishes to buy the land.
  （社長は、その土地を買い取りたいという連絡を送ってきた。）

word に続く動詞は go round 以外にも spread [travel] や reach O（O に届く）などがある。また Word is out ... と表現することもできる。いずれの場合も that 節が後置されることが多い。

go round

一周する、巡回する、流行する、行き渡る、広まる = spread
- A cold is going round.
  （風邪が流行っている。）
- The information was ground round on social media.
  （その情報はソーシャルメディア上で広まっていた。）

prize /praɪz/

形 受賞した、懸賞つきの、賞に値する、〔賞に値するほど〕見事な、素晴らしい
» prize Middle White boar 〔品評会で〕受賞した中白種の雄豚

boar /bɔ́:r/

名 〔去勢していない〕雄豚、イノシシ

have a dream on A
A の夢を見る
「夢を見る」だが動詞は have を使う。「見る」に引きずられて see や watch を使わない点に注意。

on the previous night
前夜に = the night before

文法のポイント

① **Word had gone round** during the day [**that**

word の内容をうける that 節は後置される

old Major, the prize Middle White boar, had
had a strange dream on the previous night
　　　　　　② **and**
wished to communicate it to the other animals.]

① Word の内容をうける that 節
　不可算名詞の word が出てきたところで、その内容が that 節以下で述べられると気にしながら読んでいこう。during the day の後に現れる that 節がこの word の内容を説明する。この英文では Word had gone round（噂は広まってしまった）と先に述べて、噂の内容を表す that 節は後ろに置かれている。Word that ... だと主語が長くなってしまうので、これを避けるためである。

② and が結ぶもの
　下線部②の and は過去完了形を作る had の後に続く had a strange dream ... と wished to communicate ... を結ぶ。つまり、「前夜に変な夢を見たこと」と「そのこと（夢の内容）を他の動物に伝えたいこと」の 2 つが結ばれている。

本文 ❸

It had been agreed that they should all meet in the big barn as soon as Mr. Jones was safely out of the way. Old Major (so he was always called, though the name under which he had been exhibited was Willingdon Beauty) was so highly regarded on the farm that everyone was quite ready to lose an hour's sleep in order to hear what he had to say.

意 味

ジョーンズ氏が無事に離れたところに移動したところですぐに、全員が大きな納屋に集まる手はずになっていた。メイジャー爺さん（このようにいつも彼は呼ばれていたが、品評会の時はウィリンドンビューティという名前であった）は農場では高く評価されており、彼が言うことを聞くためならみな1時間ぐらい睡眠を削ってもよいぐらいだった。

it is agreed that s + v

s + v する手はずだ

「s + v することに合意している」という定型表現。
it has been agreed that … の it は後ろに続く that 節を指す形式主語。

■ Now it has been agreed that talks will continue without a fixed deadline.
（現在、期限を定めずに協議を続けることで合意している。）

barn　/bɑːrn/

名 納屋、物置

safely　/séɪfli/

副 無事に、安全に、間違いなく

さらに It can safely be said that s + v や I can safely say that s + v のように「言う」「考える」を表す動詞と共に用いられると「間違いなく s + v だろう」や「s + v と言っても差し支えないだろう」という意味になることも覚えておきたい。

out of the way

邪魔にならないところへ、離れたところに　▶cf. P. 13

さらに▶ move, stay, live などの動詞と共に使うことが多い。

the name under which ...

〜する名前

the name under which s+v で「s+v（のとき）の名前」。

» the name under which his books were published, H. G. Wells　本が出版されたときの名前、H. G. Wells

さらに▶ which の後に to *do* が続くこともある。

» the name under which to save a file　ファイルを保存するときの名前

regard　/rɪɡɑ́ːrd/

動　〜を評価する、〔regard A as B で〕A を B とみなす　▶cf. P. 44

» A is highly regarded / regard A highly　A が高く評価されている／A を高く評価する　≒ evaluate A highly / A is highly evaluated

ready to *do*

進んで〜する、〜する準備ができている

■ She is always ready to do a lot for others.
（彼女はいつも進んで他人のためにたくさんのことをしてくれる。）

さらに▶ be ready to *do* は「積極的に〜する」という意味を含む。これに対して、be willing to *do*（〜するのをいとわない、〜してもかまわない）はそれほどの積極性はないので注意。本文では quite ready（比較的すすんで）となっていることから、「〜してもよいくらいだった」となっている。

文法のポイント

... in order to hear <u>what he had to say</u>.

what S have to say は「言わなければならないこと」ではない。

　　what S have to say と来たら「S が言うために持っていること」⇨「S が言わんとすること」と解釈することが多い。これは what が say の目的語ではなく、have の目的語と捉えるためである。

本文 ❹

At one end of the big barn, on a sort of raised platform, Major was already ensconced on his bed of straw, ①under a lantern ②which hung from a beam. He was twelve years old and had lately grown rather stout, but he was still a majestic-looking pig, with a wise and benevolent appearance in spite of the fact that his tushes had never been cut. Before long the other animals began to arrive and make themselves comfortable after their different fashions.

意味

　大きな納屋の一方の端の一段と高くなった演壇のような場所の上で、メイジャーは梁からつるされたランタンの下で、すでに自分の藁の寝床でゆったりと構えていた。彼は12歳で、最近はかなり太ってきたが、彼は、これまで一度たりとも牙を切ったことがなかったにもかかわらず、賢く、慈悲深い見た目の威厳ある顔をした豚であった。まもなく、他の動物たちがやってきては、それぞれが思い思いの姿勢でくつろぎ始めた。

a sort of A
Aのような、Aの一種

raised /reɪzd/
形 一段と高くなった
» a raised platform　一段高い演壇
» a raised bottom　上げ底
» a raised eyebrow　眉をひそめる
» a raised voice　張り上げた声、高くなった声

platform /plǽtfɔ̀ːrm/

名 壇、演壇、ステージ、駅のプラットホーム

ensconce /ɪnská(:)ns | -skɔ́ns/

動 〔快適なところに〕落ち着かせる、安置する

通常は受け身で使う。

» be ensconced in [on / at] A　A に陣取る、くつろぐ、落ち着く

■ Christine was ensconced in a big chair in the living room, reading her book.
（クリスティンはリビングルームの大きな椅子にゆったりと座り、本を読んでいた。）

straw /strɔː/

名 藁、ストロー

■ A straw will show which way the wind blows.
（《ことわざ》わら1本で風向きがわかる。）
ほんのわずかな兆候でも、この先何が起こるのかわかる、という意味。

■ A drowning man will catch [clutch/grasp] at a straw.
（《ことわざ》溺れる者はわらをもつかむ。）

hang from A

A から吊り下げられる、ぶら下がる、垂れ下がる

» hang A from B　A を B からぶら下げる

beam /biːm/

名 梁 ≒ girder 大梁、光線、輝き、笑顔

» a laser beam　レーザー光線

lately /léɪtli/

副 （ここ）最近は、近頃 ≒ recently

現在完了（進行）形で用いる。過去完了（進行）形で用いることもある。

stout /staʊt/

形 太った〔中年太りを意味することがある〕、健康で頑丈な体つきの、頑丈な

stout は「かっぷくのよい」という意味でも用いられ、ネガティブな意味ではないことも多い。「強い」というイメージから黒ビールのことを stout（スタウト）と呼ぶ。

majestic /mədʒéstɪk/

形 威厳のある、堂々とした、荘厳な

» a majestic temple　荘厳な寺院
» a majestic mountain　威厳のある山
» a majestic view　壮観な景色

benevolent /bənévələnt/

形 慈悲深い、親切な、善意の

» a benevolent intention　善意
» a benevolent institution　慈善団体
» a benevolent climate　恵まれた気候

in spite of the fact that …

～ということにもかかわらず、～だが

さらに▶ in spite of the fact that … よりも despite the fact that … のほうが頻度が高く用いられる。

[the fact 以外に現れる様々な表現]

» despite the evidence that …　～という証拠があるにもかかわらず
» despite the widespread belief that …　～と広く信じられているのにもかかわらず
» despite the assumption that …　～と仮定されているにもかかわらず
» despite the common expectation that …　～一般的な予想にもかかわらず

tush /tʌʃ/

名 牙 ≒ tusk, fang

before long

すぐに、まもなく ≒ soon
過去形と共に使われると「ほどなくして～した」。
will などの未来表現と共に使われると「まもなく～するだろう」。

after *one*'s [its] fashion

自分のやり方で、それなりに
after their different fashions で「それぞれ違った方法で」、「それぞれが思い思いの姿勢で」という意味となる。

文法のポイント

Major was already ensconced on his bed of straw, ① under a lantern ② **which hung from a beam**.

① under a lantern ... は being 省略の分詞構文

　分詞構文は、現在分詞や過去分詞、あるいは〈having ＋過去分詞〉で始まると考えがちだが、〈being＋［形容詞／前置詞句］〉のように being から始まるものもある。さらに、being は省略可能なので、ここでは分詞構文の being under a lantern ... の being が省略され、前置詞 under から分詞構文が始まっている。

　以下の例は形容詞 aware から始まる例。これも being 省略の分詞構文と捉えよう。

Aware of the risk, the government is accepting huge mobile payments.
（リスクを承知で、政府は巨額のモバイル決済を受け入れている。）

② 関係代名詞 which hung from ...

　関係代名詞節の which hung from a beam（梁から吊るされた）は、その直前の名詞 a lantern を修飾し、a lantern の状態を説明している。

Animal Farm

George Orwell

Mr. Jones, of the Manor Farm, had locked the hen-houses for the night, but was too drunk to remember to shut the pop-holes. With the ring of light from his lantern dancing from side to side, he lurched across the yard, kicked off his boots at the back door, drew himself a last glass of beer from the barrel in the scullery, and made his way up to bed, where Mrs. Jones was already snoring.

As soon as the light in the bedroom went out there was a stirring and a fluttering all through the farm buildings. Word had gone round during the day that old Major, the prize Middle White boar, had had a strange dream on the previous night and wished to communicate it to the other animals. It had been agreed that they should all meet in the big barn as soon as Mr. Jones was safely out of the way. Old Major (so he was always called, though the name under which he had been exhibited was Willingdon Beauty) was so highly regarded on the farm that everyone was quite ready to lose an hour's sleep in order to hear what he had to say.

At one end of the big barn, on a sort of raised platform, Major was already ensconced on his bed of straw, under a lantern which hung from a beam. He was twelve years old and had lately grown rather stout, but he was still a majestic-looking pig, with a wise and benevolent appearance in spite of the fact that his tushes had never been cut. Before long the other animals began to arrive and make themselves comfortable after their different fashions.

単語・表現

hen-house	鶏舎		barn	納屋
pop-hole	動物の通り抜け用の穴		safely	無事に
dance	揺れる		out of the way	離れたところに
from side to side	左右に		the name under which ...	～する名前
lurch	千鳥足で歩く		regard	～を評価する
draw	～を注ぐ		ready to *do*	進んで～する
barrel	樽		a sort of A	Aのような
scullery	食器洗い場		raised	一段と高くなった
make *one*'s way ...	～に向かって進む		platform	演壇
snore	いびきをかく		ensconce	落ち着かせる
as soon as ...	～するとすぐに		straw	藁
go out	消える		hang from A	Aから吊り下げられる
stirring	〔革命・季節などの〕鼓動		beam	梁
fluttering	はためき		lately	（ここ）最近は
all through A	A全体に		stout	太った
word	知らせ		majestic	威厳のある
go round	行き渡る		benevolent	慈悲深い
prize	受賞した		in spite of the fact that ...	～ということにもかかわらず
boar	〔去勢していない〕雄豚		tush	牙
have a dream on A	Aの夢を見る		before long	まもなく
on the previous night	前夜に		after *one*'s [its] fashion	自分のやり方で
it is agreed that s＋v	s＋vする手はずだ			

Chapter 3

A Christmas Carol

『クリスマス・キャロル』

作者　チャールズ・ディケンズ
Charles Dickens
出版年：1843 年

　会計事務所を営む意地悪でけちな老人エベネーザ・スクルージがクリスマスの夜に体験する超自然的な出来事を通じて改心する物語です。貧しい従業員のクラチットがクリスマスの日は早く仕事を終えて帰宅したいとスクルージにお願いをするも、かわりに翌日は早くから出勤するようにと言ったり、寄付を求めてやってきた人には暴言を吐いたりと、慈善事業やクリスマスには全く興味を示すことがありませんでした。

　しかし、クリスマスイブの夜にかつての同僚マーレイが幽霊となって現れ、自分が強欲であったため、死んでからずっと苦しめられていることを告白します。そしてマーレイはこれから幽霊が３人やってくるから、かならず受け入れろと忠告をして去って行きます。

　３人の幽霊の訪問を受け、スクルージは改心をします。クラチットにクリスマスプレゼントを贈り、慈善団体に寄付をするようになるのです。

本文 ❶

Marley was dead: to begin with. There is no doubt whatever about that. The register of his burial was signed by the clergyman, the clerk, the undertaker, and the chief mourner. Scrooge signed it: and Scrooge's name was good upon 'Change, for anything he chose to put his hand to. Old Marley was as dead as a door-nail.

意味

　マーレイは亡くなっていた。始めに言っておくことにする。そのことについては全く疑う余地はない。彼の埋葬の登録簿は聖職者、（教会の）書記、葬儀屋、そして喪主によって署名されていた。スクルージはそれに署名した。そして、スクルージの名前は、取引所において、彼自身が署名をすると決めたどんなものに対しても有効であった。マーレイのやつはびょうくぎと同じように間違いなく完全に死んでいたのである。

単語 語法

to begin with
最初に ≒ first of all
複数の理由・根拠のひとつめを導入するために使う。
さらに〔くだけて〕to start with

there is no doubt ...
〜は疑いない
no doubt の後には that 節や about ... が続く。
さらに no doubt about it（疑わしいことはない）を「一つも疑わしいことはない」と強調するときには doubt の後ろに whatever を入れる。whatsoever を入れることもある。これは副詞の whatever の強調用法で、否定や疑問の意味を表す文において〈名詞 + whatever〉で「少しも〜ない」や「何ら〜も」という意味になる。
- There is no doubt whatever about it.
（そのことについては疑わしいことは一つもない。）
- I disclaim any responsibility whatever for the new rule.
（私は新ルールについていかなる責任も負わない。）

■ There is now no doubt whatever that eco-tourism has a strong appeal to large numbers of travelers.

（エコツーリズムが大勢の旅行者を惹きつける強い魅力を持っていることは、今や疑いの余地がない。）

register /rédʒɪstər/

名 登録簿、帳簿、名簿

» call the register　出席を取る

burial /bériəl/

名 埋葬、葬式

» the burial of A　A を埋めること、A の埋設

■ It's hard to find an alternate site for the burial of nuclear waste.

（核廃棄物の埋設のための代替地を見つけるのは難しい。）

clergyman /klə́ːrdʒimən/

名 聖職者

clerk /kləːrk | klɑːk/

名 事務員、〔裁判所や議会、教会の〕書記、聖職者、牧師

もとは「聖職者のように事務を執り行う」という意味だったが、そこから転じて「議会や教会の書記」や「事務員」の意味になった。

undertaker /ʌ́ndərtèɪkər/

名 引受人、葬儀屋 ≒ funeral director,《米》mortician

「引受人」の意味のときはアクセントの位置が変わることに注意。/ʌ̀ndərtéɪkər/

chief mourner /tʃíːfmɔ́ːrnər/

名 喪主

be good for A

A に有効で、A の役に立つ

A が the health や the environment の場合、「健康（環境）に良い」という意味である。「有効だ」「役立つ」の意味で使われる場合、A には〈every ＋名詞〉や something, anything on、動名詞が入ることが多い。

■ According to the English writer John Dryden, everything in the world is good for something.

41

（イギリスの作家、ジョン・ドライデンによれば、世の中のすべてのものは何かの役に立つということだ。）

■ Some light muscle training is good for burning fat.
（軽い筋トレは脂肪燃焼に有効だ。）

'Change   /tʃeɪndʒ/

名 取引所

商人が商取引のために集まる場所、取引所としての意味を持つようになったのは、1800年以降、誤ってExchangeの略称として扱われ、'Changeと表記されるようになったためである。今日では「取引所で」という意味は (up) on 'Change で用いられる。

put *one*'s hand to A

A に署名する ≒ sign

to の後ろには a document（書類）などがくる。put の代わりに set、turn も可能。

door(-)nail   /dɔ́ːrnèɪl/

名 〔昔の扉・戸用の〕びょうくぎ（戸の強化や装飾のために使う頭の大きな釘のこと）

as dead as a door-nail

《慣用表現》完全に死んでしまっている

as a door-nail（びょうくぎのように）は比喩表現。

さらに as cool as a cucumber（冷静沈着な）や as busy as a bee（忙しくてせわしない）といった表現があるが、これらは dead と door の /d/、cool と cucumber の /k/、busy と bee の /b/ で韻を踏んで語呂が良いだけで、「死」と「びょうくぎ」や「冷静さ」と「きゅうり」、「いそがしさ」と「蜂」はあまり関係ない。

文法のポイント

Scrooge's name was good upon 'Change, **for anything he chose to put his hand to**.

前置詞句の後置

　この英文では、be good for A で「A に対して有効だ」という〈かたまり〉に対して、upon 'Change（取引所で）が入り込んでいる。Scrooge's name was good upon 'Change … まで読んだところで「スクルージの名前は取引所ではよかった（有効だっ

た)」だとわかる。そして次に現れる for anything ... 以下が「何に対して有効なのか」を述べる。ここでは for anything ... 以下が was good から切り離されて、文末に移動しているのがポイント。このように〈句のまとまり〉を文末にまわすことを〈後置〉と呼ぶが、目的を表す for anything ... を文末に移動させることで、読み手に対して大切な情報であることを提示している。

ただし、〈句のまとまり〉が後置されているかどうかは、語と語との結びつきを知らないと判断できないこともある。例えば次の例を見てみよう。

The young Sanders became quite good at preparing dishes for his family.
（幼いサンダースは家族のために料理を作るのが得意になった。）

この例では became good at preparing dishes（料理するのが得意だ）でひとつのまとまりを作っている。つまり、became good は at *preparing dishes* と強く結びついており、for his family（家族のために）はあくまで追加された要素であり、なくても意味が通るのである。このように、〈句のまとまり〉の移動に気づくためには、語と語の結びつき（コロケーション）も意識する必要がある。

本文 ❷

Mind! I don't mean to say that I know, of my own knowledge, what there is particularly dead about a door-nail. I might have been inclined, myself, to regard a coffin-nail as the deadest piece of ironmongery in the trade. But the wisdom of our ancestors is in the simile; and my unhallowed hands shall not disturb it, or the Country's done for. You will ①therefore permit me to repeat, ②emphatically, that Marley was as dead as a door-nail.

意味

よいか、私は、自分の目で確かめてびょうくぎについてどの部分が特に死んでいるのかについて知っているなんて言うつもりはございません。私自身は、棺桶の釘こそ業界を代表する金物類の中で最も死んでいるものだと考えたくなるぐらいなのだ。だが、我々の先人たちの知恵がこの喩えの中にあるのだ。だから、私の不浄な手でそれをかき乱してはならないし、そんなことをすれば、この国は終わりなのだ。それゆえ、マーレイはびょうくぎのように完全に死んでいたと、声を大にして、再び述べることをお許しいただきたい。

単語 語法

I don't mean to *do*

～するつもりではない

I don't mean to *do*, but … という形で「～するつもりではないけれど…」のように、
譲歩しつつも〈自分の意見〉や〈（相手の知らない）事実〉を述べる。
I don't mean to say … (～と言うつもりはない) 以外にも次のような使い方がある。

■ I don't mean to be rude to you.
（失礼をするつもりはない。）
■ I don't mean to bother you.
（ご迷惑をおかけするつもりはありません。）

of *one*'s own knowledge

自分自身の知識に基づいて、自分の知識から

particularly　/pərtíkjulərli/

副 特に、とりわけ = especially

be inclined to *do*

なんとなく～したい、～する傾向がある

ここでは might have been inclined to となっているが、be inclined to を控えめに、
そして遠回しに表現したものである。

regard A as B

A を B とみなす、考える

coffin　/kɔ́(:)fən | -ɪn/

名 棺桶 =《米》casket

deadest

形 dead の最上級

本来比較級にならない dead （死んでいる）を最上級 deadest とすることで、coffin-
nail（棺桶の釘）が door-nail などを含んだ金物類の中で「一番死んでいる」ことを表
している。これは「死んだように動かないもの」の喩えとして、直前の慣用表現 as
dead as a door-nail をもじった coffin-nail を用いて、「死」と「びょうくぎ」に密接
な関係はなく、「死」であれば「棺桶の釘」のほうがより関係性があるのでは、とディ
ケンズが言葉遊びをしている。

ironmongery /áɪərnmà(ː)ŋgəri | -mʌ̀ŋ-/

名 金物類、工具類 = hardware

trade /treɪd/

名 貿易、商売、〔the trade で〕業、業界、同業者

» the tourist trade in California　カリフォルニアの旅行業

wisdom /wízdəm/

名 賢いこと、知恵、叡智

さらに▶ 形容詞は wise。

ancestor /ǽnsèstər/

名 先祖、祖先

さらに▶ 反対語は descendant（末裔）。

simile /síməli/

名 喩え、〔修辞学で〕直喩、明喩

直喩というのは「〜のように」を意味する like や as という語を伴った比喩表現。ここでは、as dead as a door-nail という言い回しを指している。これは古くからある表現で、この時代でも古めかしさを感じさせることば。

unhallowed /ʌ̀nhǽloʊd/

形 不浄な、罪深い、邪悪な

hallowed は「神聖な、神格化された」という意味の形容詞。unhallowed はその反対の意味なので「神聖を汚す」⇨「罪深い」となる。

さらに▶ 11月1日はキリスト教のすべての聖人を記念する「万聖節」「諸聖人の日」で All Saint's Day もしくは All Hallows, Hallowmas などという。その前日が Halloween である。

《Lord's Prayer「主の祈り」の冒頭》Our Father, who art in heaven, hallowed be thy name. （天におられる私たちの父よ、御名が聖とされますように。）でも使われる。

disturb /dɪstə́ːrb/

動 〜の邪魔する、〔秩序、平穏などを〕かき乱す、〔不用意に〕動かす

be done for

終わりだ、運が尽きた、滅亡へと運命づけられた = doomed

ここでは the Country's done for で「この国が滅びる、ダメになる」という意味。
= the country is ruined

therefore   /ðéərfɔ̀ːr/

副 それゆえ、したがって、その結果

■ I think; therefore I am. (Descartes)
(我思う、ゆえに我あり。(デカルト))

▶cf. P. 81

you will permit me to *do*

私が～することをお許しいただけるだろう

相手に自分の発言や行動を受け入れてもらいたいと思っていることを伝える表現。Will
you permit me to *do* ~? で「～させてもらえませんか」のように疑問文で使うことがある。

emphatically   /ɪmfǽt̬ɪkəli/

副 声を大にして、強調して、語気を荒げて

！ 文法のポイント

You will ① therefore permit me to repeat, ② **emphatically**, that
Marley was as dead as a door-nail.

① SV の間に入り込む接続副詞

therefore, however, then などは通常、文頭・文中・文末で接続詞的に用いる。ここ
では文中に現れているが、読むときは「それゆえ～」と文頭に置いて解釈するとわかり
やすい。

② 修飾する要素を明示するための挿入

副詞 emphatically は「強調して」という意味だが、これが「強調して繰り返したい」
と repeat を修飾していることを明示するために、repeat と that 節の間に挿入して
いる。この場合、副詞をカンマで挟むことがある。emphatically が permit や that
節を修飾した解釈をしないように注意。

本文 ❸

🔊 3-3

Scrooge knew he was dead? Of course he did. How could it be otherwise? Scrooge and he were partners for I don't know how many years. Scrooge was his sole executor, his sole administrator, his sole assign, his sole residuary legatee, his sole friend, and sole mourner. And even Scrooge ① was not so dreadfully cut up by the sad event, but that he was an excellent man of business on the very day of the funeral, ② and solemnised it with an undoubted bargain.

意 味

彼が死んだことをスクルージは知っていたのか？もちろん、そうだ。それ以外に考えられない。スクルージと彼はどれぐらいの期間だかわからないくらい共同経営者であった。スクルージは彼の唯一の遺言執行者であり、唯一の遺産管理者であり、唯一の財産受取人で、唯一の残余遺産受取人で、唯一の友人で、唯一の会葬者であった。そして、それどころか、スクルージは悲しい出来事にひどく気落ちすることなく、まさに葬儀の日も根っからの商売人であったのだ、そして確かな取引をして葬儀を行ったのである。

単語 語法

How can it be otherwise?

それ以外考えられない、それは 当然のことである ＝ It cannot be otherwise.
本文では How could it be otherwise? と仮定法になっている。「どうしてそれが反対のはずがあろうか（いやありえない）」という反語になっており、「絶対にそれ以外考えられない」という意味を伝えているのである。

partner /pάːrtnər/

名 配偶者、共同経営者、相棒

chapter
3
A Christmas Carol

47

for /fər, 弱母音の前でfr, (強)fɔːr/

前 〔時間・期間〕～の間

» for I don't know how many years　どれくらいの時間かよく分からないくらいの（長い）間

for の後ろに s＋v が来ているため接続詞と捉えるのではなく、前置詞の for で、ここでは for many years と解釈する。I don't know how が強調のために挿入されていると考える。代わりに God knows how なども用いられる一種の定型表現である。
▶cf. P. 11

sole /soʊl/

形 唯一の、たった一人の、たった一つの

executor /ɪgzékjʊt̬ər/

名 遺言執行者、執行者

administrator /ədmínɪstrèɪt̬ər/

名 遺産管理者、管財人、経営者、理事

assign /əsáɪn/

名 〔財産などの〕譲り受け人

さらに 動詞では assign A to B で「A を B に課す、A を B に割り当てる」。
be assigned to A で「A〔部署・地位など〕に配属される、A に任命される」。

■ Mr. Brown has been assigned to the home office.
（ブラウンさんは本社に配属された。）

residuary /rɪzídʒuèri | -djuəri/

形 残余遺産の、残りの、残余の

さらに 名詞 residue は「残り、残余財産」の意味がある（= residual）。ただし residual は形容詞の用法もあり、そのときは、residuary と同じく「残りの、残留している（= remaining）」のほか、名詞として複数形で「（映画やテレビでの再放映などで出演者などに払う）再放送料」という意味もある。

legatee /lègətíː/

名 遺産受取人

» residuary legatee　残余遺産受取人

mourner /mɔ́ːrnər/

名 会葬者、哀悼者、嘆く人

さらに▶ 動詞は mourn で「嘆く」という意味がある。

- In Snow Country, Kawabata mourned the inaccessibility of the past on behalf of many modern Japanese.

（川端は『雪国』の中で、多くの現代日本人を代表して過去への近寄りがたさを嘆いたのである。）

dreadfully /drédfəli/

副 ひどく〔強意として用いられることがある〕、非常に、とても悪く

- What has made humanity the most dreadfully successful species of animal on earth?

（なぜ人類は地球上で最も大きな成功を収めた動物種になったのか。）

be cut up

心を痛める、悲観する = be upset

a man of business

根っからの商売人、実業家、実務家

on the very day of A

Aのまさにその日

- Lincoln wrote the speech on the very day of the address, during the train ride to the town of Gettysburg.

（リンカーンは、演説のまさに当日、ゲティスバーグの町までの列車の移動中に演説を書いた。）

さらに▶ the very〈名詞〉of ... で「まさに～の〈名詞〉」という意味になる。

» the very idea of ... まさに～という考え

» the very end of ... ～のぎりぎり最後

» the very heart of ... ～のまさに中心

funeral /fjúːnərəl/

名 葬式

» one's funeral be over [held] ～の葬儀が終わった［行われた］

solemnise (solemnize) /sá(ː)ləmnàɪz | sɔ́l-/

動 結婚式を挙げる、儀式を挙行する

さらに 名詞は solemnity で「厳粛さ」という意味があり、solemnities という複数形で「厳粛な儀式、式典」という意味になる。

■ With their laughter, they quite ruined the solemnity of the whole affair.
（その笑い声で、厳粛な雰囲気が台無しになってしまった。）

undoubted /ʌndáʊṭɪd/

形 疑いのない、本物の、まぎれもない

■ Darwin was an undoubted expert on origins.
（ダーウィンは起源に関するまぎれもない専門家であった。）

bargain /báːrgɪn/

名 取引

ここでの「確かな取引」は、スクルージが商売人根性を出して、葬儀の値段を値切ったりしたことを意味している。

> **！ 文法のポイント**

And even Scrooge ① was **not so dreadfully cut up** by the sad event, **but that** he was an excellent man of business on the very day of the funeral, ② **and solemnised** it with an undoubted bargain.

① not so A but (that) s+v は「s+v しないほど A のものはない」

「s+v ではないほど A ではない」というように、but (that) 以下が否定の意味を持つ。ここでは「スクルージは葬儀のまさに当日、優れた商売人ではなくなるほどは悲しい出来事に気落ちしていなかった」という意味になる。これは前から「いくら A でも s+v する」とすることもできる。つまり、「スクルージは悲しい出来事に気落ちすることなく、葬儀のまさに当日に根っからの商売人であった」ということである。

② and が結ぶもの

and solemnised ... では、and の後に solemnised（儀式を行った）という動詞が続いている。等位接続詞は原則的には等しい要素を結ぶので、solemnised はその前にある動詞と結ばれることがわかる。今回、and の直前のコンマが〈一つの区切り〉を表す役割を果たしていると考えて、文の最初の動詞である was not ～ cut up by ...（～によって落ち込んではいなかった）と結ばれている。

A Christmas Carol

Charles Dickens

Marley was dead: to begin with. There is no doubt whatever about that. The register of his burial was signed by the clergyman, the clerk, the undertaker, and the chief mourner. Scrooge signed it: and Scrooge's name was good upon 'Change, for anything he chose to put his hand to. Old Marley was as dead as a door-nail.

Mind! I don't mean to say that I know, of my own knowledge, what there is particularly dead about a door-nail. I might have been inclined, myself, to regard a coffin-nail as the deadest piece of ironmongery in the trade. But the wisdom of our ancestors is in the simile; and my unhallowed hands shall not disturb it, or the Country's done for. You will therefore permit me to repeat, emphatically, that Marley was as dead as a door-nail.

Scrooge knew he was dead? Of course he did. How could it be otherwise? Scrooge and he were partners for I don't know how many years. Scrooge was his sole executor, his sole administrator, his sole assign, his sole residuary legatee, his sole friend, and sole mourner. And even Scrooge was not so dreadfully cut up by the sad event, but that he was an excellent man of business on the very day of the funeral, and solemnised it with an undoubted bargain.

単語・表現

to begin with	最初に
there is no doubt ...	～は疑いない
register	登録簿
burial	埋葬
clergyman	聖職者
clerk	〔裁判所や議会、教会の〕書記
undertaker	葬儀屋
chief mourner	喪主
be good for A	A に有効で
'Change	取引所
put [set, turn] *one*'s hand to A	A に署名する
door(-)nail	びょうくぎ
as dead as a door-nail	完全に死んでしまっている
I don't mean to *do*	～するつもりではない
of *one*'s own knowledge	自分自身の知識に基づいて
particularly	特に
be inclined to do	なんとなく～したい
regard A as B	A を B と考える
coffin	棺桶
deadest	一番死んでいる
ironmongery	金物類
trade	〔the trade で〕業界
wisdom	知恵
ancestor	先祖

simile	喩え
unhallowed	不浄な
disturb	〔秩序、平穏などを〕かき乱す
be done for	終わりだ
therefore	それゆえ
you will permit me to *do*	私が～することをお許しいただけるだろう
emphatically	声を大にして
How can it be otherwise?	それ以外考えられない
partner	共同経営者
for	～の間
sole	唯一の
executor	遺言執行者
administrator	遺産管理者
assign	〔財産などの〕譲り受け人
residuary	残余遺産の
legatee	遺産受取人
mourner	会葬者
dreadfully	ひどく
be cut up	心を痛める
a man of business	根っからの商売人
on the very day of A	A のまさにその日
funeral	葬式
solemnise	儀式を挙行する
undoubted	まぎれもない
bargain	取引

Chapter 4

1984

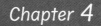

『1984』

作者　ジョージ・オーウェル　George Orwell
出版年：1949年

　「ディストピア小説」と呼ばれる『1984』は架空の「オセアニア国」を舞台に指導者である「ビッグ・ブラザー」を崇拝する全体主義体制を描いた作品です。ディストピアは理想郷・理想的な社会を表すユートピアとは逆の、徹底した管理社会、暴力的な社会、自由のない社会という意味を持っています。真実省に勤務するウィンストン・スミスは全体主義社会に疑念を抱き、思想犯罪だと認識しながら、骨董屋で買ったノートに社会の疑念を書き連ねていくのです。ふとしたときに同じような考えを持つジュリアという女性と出会い、反体制派のグループに加わりました。この時、反体制派に加わることを誘ったオブライエンが実は体制派の一味で、結局はジュリアと共に思想警察に逮捕されることになります。厳しい取り調べを受け、数々の拷問に耐えるも、最後は…。全体主義的な社会を通し、個人の自由、権利について考えさせる作品でもあります。

本文 ❶

🔊 **4-1**

It was a bright cold day in April, and the clocks were striking thirteen. Winston Smith, his chin nuzzled into his breast in an effort to escape the vile wind, slipped quickly through the glass doors of Victory Mansions, though not quickly enough to prevent a swirl of gritty dust from entering along with him.

意味

4月の晴れ渡った空気の冷たい日であった。時計は13時を打っていた。ウィンストン・スミスはひどい風を防ごうとして、あごを胸にすりつけながら、急ぎ足でヴィクトリー・マンションのガラス張りの扉から滑り込んだが、素早くしたとて、砂埃の渦が彼と一緒に入ってくるのは防ぐことはできなかった。

単語 **語法**

bright /braɪt/

形 明るい、晴れ渡った

light, sunny などの明かり・光に当たる語と共に使う。

» a bright light　まばゆい光

» a bright (sunny) day　晴れ渡った日

さらに また、未来や見通しが「輝かしい」、考えなどが「賢明だ」という意味でも使う。

» a bright future　輝かしい未来

» a bright idea　賢明な考え

strike /straɪk/

動 ～に打ち（突き）当たる、衝突する、〔打撃〕を加える、〔時計が時〕を打つ、告げる、〔楽器・音〕を鳴らす

さらに strike は「心を打つ」「（バランスを）とる」という意味でも使われる。

» strike a chord with A　A の心の琴線に触れる

» strike a balance between A and B　A と B の間のバランスをとる

54

nuzzle /nˈʌzl/

動 〜を埋める、〜をすくめる、〜にすり寄る、〔頭・顔・鼻などを〕すりつける

ここでは「首をすくめた」の意味。

さらに 類語として snuggle（自分（の体の一部）を〔〜に〕すり寄せる）。

breast /brest/

名 胸、〔衣服の〕胸部

his chin nuzzled into his breast は顎を胸につけるように頭を前にかがめている様子。

in an effort to *do*

〜しようとして ≒ in order to, with the aim of

特に苦労や決断を伴う場合に使う。

do には reduce（減らす）、improve（改善する）、understand（理解する）などがくる。

vile /vaɪl/

形 ひどい、いやな、卑劣な ＝ nasty, foul

» vile practice　悪習

slip /slɪp/

動 〔人・物が〕滑るように進む

■ John slipped through the door.
　（ジョンはドアを通って滑り込んできた。）

■ The child slipped into [out of] the room.
　（その子供はそっと部屋に入った [から出た]。）

prevent A from B

B から A を妨げる、A が B するのを阻止する

さらに ある出来事が生じる可能性を踏まえ、その出来事を未然に防ぐ場合 from が省略されることもある。

■ The first priority is to prevent a pandemic emerging in the first place.
　（最優先されなければならないのは、パンデミックが発生するのを未然に防ぐことだ。）

［prevent A from B の類語表現］

» hinder A from B　邪魔をしたりして遅らせたり止めたりすることを強調

» stop A from B　ある出来事を積極的に防ぐ場合

» keep A from B　そのままにしておくと生じる出来事を防ぐ場合

[「妨げる」を表す他の表現]
» interrupt 〔相手の話や仕事〕を中断する
» obstruct 〔障害物を置き進行〕を妨げる
» disturb 〔眠りなど、平穏〕を乱す

swirl /swə́:rl/
名 渦
» a swirl of smoke　渦巻く煙
» a swirl of excitement at the news　その知らせに渦巻く興奮
- The Scandinavians and Swiss grow up in a big swirl of languages.
（スカンジナビア人とスイス人は、様々な言語の渦の中で育つ。）

gritty /gríti/
形 砂利の混じった、勇気のある、意志の強い
» gritty floor　砂でざらざらしている床
» gritty dust　砂埃

along with A
A と一緒に、と協力して ≒ together with ...
さらに　along with A には「A に加えて」という意味もある。
- Along with a runny nose, I may also get a fever.
（鼻水に加え、熱が出ることもある。）

文法のポイント

(S) Winston Smith, (挿入の分詞構文) his chin nuzzled into his breast ...,
(V) slipped quickly through ...

挿入の分詞構文：S, 分詞構文〜, V（S は、〜した状態で、V する）

　his chin nuzzled into ... は、文の主語である Winston Smith の後にカンマがあることから主語を補足説明する挿入だと判断しよう。his chin nuzzled into ... は being を補って his chin being nuzzled into ... と考えると、his chin が意味上の主語で being nuzzled が受動態だとわかる。直訳は「彼の顎が胸に押しつけられて」だが、ここでは「顎を彼の胸に押しつけて」のように、Winston Smith の様子を説明するはたらきをしている。

本文 ❷

4-2   chapter 4   1984

　The hallway smelt of boiled cabbage and old rag mats. At one end of it a coloured poster, too large for indoor display, had been tacked to the wall. It depicted simply an enormous face, more than a metre wide: the face of a man of about forty-five, with a heavy black moustache and ruggedly handsome features.

意 味

　ロビーは茹でたキャベツと古いぼろきれのマットの匂いがしていた。ホールの片側の壁にはカラー刷りのポスター、室内の掲示物には大きすぎるものが壁に画鋲で留められていた。ポスターには、幅1メートルを超える巨大な顔だけが描かれていた。およそ45歳ぐらいで、黒々とした太い口ひげを蓄えたその男の顔はいかついが、顔立ちのよい容貌であった。

単 語　語 法

hallway　/hɔ́ːlwèɪ/

名　ロビー = hall、エントランスホール =entrance hall、（米）廊下 = corridor

smell　/smel/

動　～のにおいがする

主語には〈もの・人・場所〉などが現れて、それがどのようなにおいかを表す。smellの後ろには形容詞がくる。ここでは、〈of ＋名詞〉が形容詞のはたらきをしている。詳しくは文法のポイントを参照。

■ This steak smells nice.
　（このステーキはいいにおいがするね。）

rag　/ræg/

名　ぼろきれ、雑巾

» rag mat　ぼろきれのマット、カーペット

57

indoor /índɔːr/

形 室内の

» an indoor swimming pool　室内プール

display /dɪspléɪ/

名 展示、掲示、装飾

tack /tæk/

動 〜をびょう（釘）で留める、取りつける

A tacked on (to) the wall（壁に留められた A〈名詞〉）という形でよく使われる。

depict /dɪpíkt/

動 〔絵画・彫刻などで〕〜を描く、表現する ≒ represent、〔言葉で〕〜を描写する

ここでは「ポスターが〜を描いていた」という意味で、英語特有の無生物主語の文になっている。

■ These pictures depict the suburbs of Tokyo.
　（これらの絵画は東京の郊外を描いたものである。）

■ This film depicts the growth of Moana.
　（この映画はモアナの成長を描いている。）

enormous /ɪnɔ́ːrməs/

形 巨大な、とても大きな ≒ huge, humongous, gigantic

moustache /mʌ́stæʃ | məstáːʃ/

名 口ひげ　《米》mustache

ruggedly /rʌ́gɪdli/

副 いかつく、たくましく、頑丈に

ここでは、男性の顔つきが荒々しく魅力があることを表す。

feature /fíːtʃər/

名 特徴、〔通例 features で〕顔立ち、容貌

> **文法のポイント**
>
> The hallway smelt **of boiled cabbage and old rag mats**.
>
> ### 〈of＋名詞〉＝〈形容詞の意味〉になることをおさえよう
>
> 　smell の後には形容詞が続き、「どのようなにおいがするか」を表すが、ここでは of boiled cabbage and old rag mats のように〈of＋名詞〉が続いている。smell of 名詞で「名詞のようなにおいがする」という意味なので、ここでは「ゆでたキャベツや古くてぼろぼろのマットのようなにおいがした」となる。⇨〈of＋名詞〉のかたまりは形容詞のようにはたらくことがある。
> 　The steam smelled **of machine oil**.
> 　（その蒸気は**機械油のような**においがした。）
> 　The store smelled **of maple syrup**.
> 　（そのお店は**メープルシロップの**においがした。）
> また〈of no＋抽象名詞〉で、以下のように形容詞の意味を表す。
> of no use [help]　役に立たない、of no importance　重要でない、of no value　価値がない、of no consequence　重要ではない

本文 ❸

Winston made for the stairs. It was no use trying the lift. Even at the best of times it was seldom working, and at present the electric current was cut off during daylight hours. It was part of the economy drive in preparation for Hate Week.

意味

ウィンストンは階段に向かっていった。エレベーターを使おうとしても無駄なのである。最高に調子の良いときでさえも、エレベータはめったに動かない。目下の所、日中は電気が遮断されている。〈ヘイト・ウィーク〉に備えての節約キャンペーンの一環である。

make for A
〔人・乗り物など〕A（の方）へ向かう ≒ head for, go towards

it is no use *doing*
〜しても無駄である

やろうとしたことがうまくいかない、あるいはうまくいかなかったことを表す表現（=it is pointless/it is useless）。it は *doing* を指す。*doing* には asking（たずねる）、trying（試みる）、arguing（議論する）、complaining（不平不満を言う）、worrying（心配する）などがよく現れる傾向にある。

- It is no use crying over spilt milk.
  （《ことわざ》覆水盆に返らず。）

lift /lɪft/
名 《英》エレベーター、《米》elevator

at the best of times
最高に良い状態のときでも

否定的な意味を伝える文で用いられる。
» even at the best of times　最も良い状態においてさえ
- Smith is slow at studying at the best of times.
  （スミスは一番いい状態でも勉強するのが遅い。）

seldom /séldəm/
副 めったに〜ない = rarely
- A barking dog seldom bites.
  （《ことわざ》ほえる犬はめったにかまない。）
  大声を上げている人は虚勢を張っているだけで、じつは何にもできないということ。

at present
現在は、目下のところ = now

electric current
電流、電気

current は名詞では「（水・空気などの）流れ」という意味で currents of air（大気

の流れ)、the current of the river (その川の流れ) という使い方がある。swim against the current では「時流に逆らう」というように比喩的に「時代の流れ」という意味になることがある。

さらに▶ 形容詞としては、「今の、(現在一般に)行われている、習慣的な」という意味で用いられ、the current state of affairs (現状) や the current recession (今の不景気) という使われ方がある。そして、「current のもつ「流れ」という意味は、世の中の「流れ」をイメージさせるような「景気」や「うわさ」といった語と共に用いられることが多い。
electricity は「電気、電力」。

cut off
〜を遮断する

cut off の持つ様々な意味は文法のポイント参照。

economy drive
節約キャンペーン、倹約期間

drive は動詞であれば「車を運転する」や「動かす」「追い詰める」などの意味として知られているが、名詞の場合「ドライブ」という意味の他に a fund-raising drive (募金運動) に見られるように「組織的な運動・キャンペーン」という意味がある。

» be on an economy drive　経費節減に取り組んでいる

in preparation for A
A に備えて

- You should improve English communication skills in preparation for further academic and career goals.
(さらなる学業やキャリアの目標に向けて、英語のコミュニケーション能力を向上させる必要がある。)

文法のポイント

the electric current was cut off ...

様々な意味を表す句動詞

cut off は「〜を切り離す」が中心的な意味だが、そこから意味が拡大して、このように「(流れを) 遮断する」という意味になる。cut off は動詞＋副詞で作られる〈句動詞〉だが、文脈が変わるといろいろな意味になる。

Men **have been cut off** from their children and family life.
（男性は子供たちや家庭生活から**孤立してきた**。）
We **got cut off** while talking on the phone.
（電話で話している最中に**切れてしまった**。）
Tom's father **cut** him **off** without any money.
（トムの父は一切お金を与えずに彼を**勘当した**。）

本文 ❹

The flat was seven flights up, and Winston, who was thirty-nine and had a varicose ulcer above his right ankle, went slowly, resting several times on the way. On each landing, opposite the lift-shaft, the poster with the enormous face gazed from the wall. It was one of those pictures which are so contrived that the eyes follow you about when you move. BIG BROTHER IS WATCHING YOU, the caption beneath it ran.

意味

部屋は7つ階を上がったところにある。39歳で、右足首の上に静脈瘤性潰瘍があるウィンストンは、途中で何度か休み休みゆっくりとのぼっていった。どの踊り場にも、エレベーターシャフトの向かいの壁から、あの巨大な顔のポスターがじっと見つめていた。凝視していた。動くとその目が追いかけてくるように仕組まれた絵があり、これもそのうちの一つであった。その下には、〈ビッグブラザーがあなたを見ている〉とコピーが書かれていた。

単語 語法

flat /flæt/

名 アパート、アパートの部屋（部屋があるフロアー）、《米》apartment house
さらに▶ flat の集合から成る1棟の建物を flats と言う。

flights up

～階上がったところに、上の階にある

ここの flight は「飛行機、フライト」ではなく「階段」という意味である点に注意。up が「上がる」を意味する。

varicose /vǽrəkòʊs | vǽrɪ-/

形 静脈瘤（性）の

» varicose veins　静脈瘤

ulcer /ʌ́lsər/

名 潰瘍

» a varicose ulcer　静脈瘤性潰瘍

» a stomach ulcer　胃潰瘍

» a duodenal ulcer　十二指腸潰瘍

on the way

途中で = en route

» on the way to school [work/the station/the airport]　通学［通勤／駅に行く／空港に向かう］途中で

さらに▶「帰宅途中で」は on the way home とする。home は副詞なので to は不要。

landing /lǽndɪŋ/

名 踊り場、着陸、上陸

gaze /ɡeɪz/

動 見つめる、凝視する

まっすぐ、一点だけを見つめるというイメージ。

look などと同じ自動詞なので「A を見つめる」の場合は gaze at A とする。gaze A とはしない。

■ I gazed at Nana for several seconds.
（私はナナを数秒間見つめた。）

contrive /kəntráɪv/

動 ～を考案する、工夫する、発明する、仕組む〔工夫して組み立てる〕、〔困難があるにもかかわらず〕何とか～する

so contrived that the eyes follow you は「その目が見ているものを追いかけるよう

に仕組まれている」という意味。ここでのcontrivedは過去分詞であるが、いわゆる「分詞形容詞」と呼ばれる形容詞として「仕組まれている」という意味で解釈する。

follow A about [around]
A につきまとう、A の後をついて回る

caption   /kǽpʃən/
名 〔広告のキャッチフレーズとしての〕コピー、キャプション
caption には「(新聞などの) 見出し」という意味があるが、基本的には「説明文」という意味である。

beneath   /bɪníːθ/
前 〔接触していない状態で〕〜の下に = below, under
beneath A は「A から離れて下に」という意味。かたい表現である。
さらに▶ below は固定された位置関係で、「(〜から離れたところの) 下に」という意味。under は離れたものにも接触しているものにも使う。また、その下を何かが通過する時にも使う。

run   /rʌn/
動 〔見出し・詩などが〕〜となっている、〜と書かれている

文法のポイント

BIG BROTHER IS WATCHING YOU, the caption beneath it ran ▢.

O, S + V = 目的語に注目させ、その説明を S + V がする
BIG BROTHER IS WATCHING YOU は ran の目的語だが、これが文頭に出てくることで、読み手に注目させる効果を生む。それに続く S + V は「その下のコピーに書いてあったんだ」のように目的語を説明するはたらきをする。英語ではこのように、注目させたい要素を文頭に置き、それに続く内容が補足説明のはたらきをすることがある。

聞いてみよう 🔊 4-5

1984

George Orwell

It was a bright cold day in April, and the clocks were striking thirteen. Winston Smith, his chin nuzzled into his breast in an effort to escape the vile wind, slipped quickly through the glass doors of Victory Mansions, though not quickly enough to prevent a swirl of gritty dust from entering along with him.

The hallway smelt of boiled cabbage and old rag mats. At one end of it a coloured poster, too large for indoor display, had been tacked to the wall. It depicted simply an enormous face, more than a metre wide: the face of a man of about forty-five, with a heavy black moustache and ruggedly handsome features. Winston made for the stairs. It was no use trying the lift. Even at the best of times it was seldom working, and at present the electric current was cut off during daylight hours. It was part of the economy drive in preparation for Hate Week. The flat was seven flights up, and Winston, who was thirty-nine and had a varicose ulcer above his right ankle, went slowly, resting several times on the way. On each landing, opposite the lift-shaft, the poster with the enormous face gazed from the wall. It was one of those pictures which are so contrived that the eyes follow you about when you move. BIG BROTHER IS WATCHING YOU, the caption beneath it ran.

単語・表現

bright	晴れ渡った	make for A	A（の方）へ向かう
strike	〔時計が時〕を打つ	it is no use *doing*	～しても無駄である
nuzzle	首をすくめた	lift	エレベーター
breast	胸部	at the best of times	最高に良い状態のときでも
in an effort to *do*	～しようとして	seldom	めったに～ない
vile	ひどい	at present	目下のところ
slip	〔人・物が〕滑るように進む	electric current	電気
prevent A from B	AがBするのを阻止する	cut off	～を遮断する
swirl	渦	economy drive	節約キャンペーン
gritty	砂利の混じった	in preparation for A	Aに備えて
along with A	Aと一緒に	flat	部屋
hallway	ロビー	flights up	～階上がったところに
smell	～の匂いがする	varicose	静脈瘤（性）の
rag	ぼろきれ	ulcer	潰瘍
indoor	室内の	on the way	途中で
display	展示	landing	踊り場
tack	～をびょう（釘）で留める	gaze	凝視する
depict	〔絵画・彫刻などで〕～を描く	contrive	仕組む〔工夫して組み立てる〕
enormous	巨大な	follow A about [around]	Aにつきまとう
moustache	口ひげ	caption	〔広告のキャッチフレーズとしての〕コピー
ruggedly	いかつく	beneath	～の下に
feature	容貌	run	～と書かれている

Chapter 5
Pride and Prejudice
『高慢と偏見』

作者　ジェイン・オースティン　Jane Austen
出版年：1813 年

　物語は、イギリスの田舎に住むベネット家の五人の娘を中心に展開します。近所に、若き資産家のビングリーが引っ越してきます。ベネット家の母親は自分たちの娘のうち、一人を結婚させようと前のめりになります。そんな中、娘のひとりエリザベスは、ビングリーも出席する舞踏会で彼の友人であるダーシーと出会います。ダーシーは資産家でしたが、エリザベスの容姿を馬鹿にするなど、高慢な態度を取ったため、初対面でお互いに誤解と偏見を抱く二人です。ダーシーはエリザベスの家柄は自分の家柄と比べて劣ると考えているため、なかなか素直に自分の気持ちを伝えることができません。ある日、ダーシーはエリザベスにプロポーズをします。エリザベスはダーシーに対しては全く好印象を抱いていないので、それを拒否します。その後、ダーシーはエリザベスに対して、どうして高慢な態度を取っていたのかなど丁寧にしたためた手紙を送ります。手紙を受け取ったエリザベスは旅行に出かけ、途中にダーシーの屋敷も訪問します。そこで目にしたのは身分の低い人たちにも分け隔てなく接するダーシーの姿でした。彼女自身がダーシーに対して偏見を持っていたことに気づくのです。

本文 ❶

It is a truth universally acknowledged, ①that a single man in possession of a good fortune, must be in want of a wife.
②However little known the feelings or views of such a man may be on his first entering a neighbourhood, this truth is ③so well fixed in the minds of the surrounding families, that he is considered as the rightful property of some one or other of their daughters.

意 味

かなりの財産を持っている独身男性は、妻を必要としているにちがいないというのが、世間一般に認められた真理である。
　そんな男が初めて近所に足を踏み入れたとなると、この近所の家の人たちの心にはこうした真理がしっかり根付いているので、男の気持ちや考えがほとんど知られてなくても、その男は自分たちの娘のうちの誰かしらの正当な所有物となるとみなされてしまうのである。

単語　語法

universally　/jùːnɪvə́ːrsəli/

副　世間一般に、（世界の）どこでも、だれでも、普遍的に

さらに　[universallyと結びつく主な動詞]
It is universally accepted that s+v で「広く（普遍的に）受け入れられている」の意味になる。受動態で用いられるこのパターンでは、universally の後ろには、accept（受け入れる）、acknowledge（認める）、admit（（しぶしぶ）認める）、agree（同意する）、recognize（認識する）、adopt（採用する）。「認める・受け入れる」といった動詞の過去分詞が入る。

- It is universally accepted that positive thinking is good for health.
（ポジティブ思考が健康に良いことは広く知られている。）
» S be universally *done*　S は一般的に（普遍的に）〜されている
- This theory is universally accepted.
（この理論は一般的に受け入れられている。）

［universally と結びつく主な形容詞］
applicable（適用できる、応用できる）、acceptable（受け入れられる）、acknowledged（認められた）、appealing（魅力的な）、available（利用可能な）、valid（妥当な）といった形容詞と結びつくことが多い。

» a universally applicable knowledge　広く応用できる知識

acknowledged　/əknɑ́(ː)lɪdʒd | -nɔ́l-/

形　認められた、定評のある

a truth universally acknowledged は universally acknowledged が truth を修飾し「普遍的に認められた真理」の意味になる。そこから転じて「世間一般で誰もが認めていること」。

in possession of A

A を所有している

» in the possession of A　A に所有されている、A が所有している
　= in A's possession

さらに　possession に the がつくと、of A が〈所有者〉の解釈になる。

fortune　/fɔ́ːrtʃən/

名　富、財産、大金、幸運、運命

a good fortune の good は「十分な」という意味の形容詞。a good fortune に冠詞 a が付いていることから、数えられる名詞としてはたらいているとわかる。この場合、「十分な財産」「かなりの財産」という意味になる。

さらに　good fortune は不可算名詞で「幸運」。

good fortune に冠詞 a が付かない場合、fortune は不可算名詞だとわかる。この場合、fortune は「運」という意味になる。

■ Good fortune will come to humble people.
　（幸運は謙虚な人に訪れる。）

in want of A

A が必要で、A が不足して ＝ in need of A

この表現に「A が不足して」という意味があるのは、古くは want に「（必要なものが）欠乏する」という意味があったことに由来する。「足りないものがあれば、欲しくなる」ということから「～を欲する」という意味がその後に出てきたのである。

さらに　for [from] (the) want of A で「A が不足しているために、A が手に入らないので」。＝ for lack of A

» for want of a better word　ほかに良い言葉が見つからないので

view /vjuː/

名 〔複数形で用いられることが多い〕意見、見解

» the views of many people　たくさんの人の意見

さらに▶ 可算名詞の単数形（a view）のときには「見方、考え方」の意味となる。

» a view of A　A についての見方、考え方

» a view of one's view　～の考え方

» our view of nature　自然についての我々の考え方

不可算名詞（view）のときには、「視野、視界」の意味となる。

» in view of A　A の視界に入る、A から見えるところに

■ The tower is in view of my room.
（そのタワーは私の部屋から見えるところにある。）

» in view of A　A〔物事〕から判断して、A を考慮して

■ In view of your experience, you are suitable for the job.
（経験を考慮すれば、あなたはこの仕事に適している。）

surrounding /səráundɪŋ/

形 周囲の、付近の、近隣の、取り囲んでいる

» the surrounding environment　周辺環境

さらに▶ 名詞の surroundings で人や場所を取り巻く「環境」の意味になる。

rightful /ráɪtfəl/

形 正しい、正当な、合法の

» one's rightful place　～の正しい立場

property /prá(ː)pərṭi | prɔ́p-/

名 財産、資産、所有物、不動産、土地

本文の the rightful property（正当な法的所有物）は「夫、旦那」を表す皮肉を効かせた表現。properties（複数形）では「（物の）性質、特性」の意味になる。

■ Could you describe the properties of the liquid.
（その液体の性質について説明してください。）

some one or other

誰かしら

さらに▶ 今では or other が省略された some one だけの形や some one else などの形もある。

[〈some 単数名詞 or other〉の定型表現]

» at some time or other　いつかそのうちに

» in some way or other　どうにかして

» in some form or other　何らかの形で

» by some means or other　何らかの手段で

通常、some は複数名詞と共に使って「いくつかの〜」や「一部の〜」を表すが、これを可算名詞の単数名詞と共に使うと「不特定の何か」を表し、「ある」や「何らかの」という意味になる。

■ Anxiety may play some role in increasing blinking.
（不安は瞬きの増加に何らかの役割を果たすかもしれない。）

ここでの some role は「何らかの役割」という不特定であるニュアンスを含む。

文法のポイント

It is a truth universally acknowledged, ① **that** a single man in possession of a good fortune, must be in want of a wife.

① 形式主語と後置された that 節

It is a truth … の It は形式主語で、真主語は that a single man … 以下である。これは、やや古い英語表現なので、that と must の前にカンマが入っているのが特徴。現代英語ではここにカンマが入るのはかなり珍しい。ただし、次の例の something [関係代名詞] that … の後に真主語を表す that a human being … が続く場合、文法的に異なる役割を持つ that の連続による混乱を避けるためにカンマを打つこともある。

It is something that has to be proved scientifically, that a human being turned into a goat.
（人間がヤギになったということは、科学的に証明されなければならないことだ。）

② **However little known** (S) the feelings or views of such a man (V) may be (little known) on his first entering a neighbourhood,

② However little known s＋v の譲歩

〈However 形容詞／副詞 s＋v〉で「どれだけ形容詞／副詞であろうとも」という副詞節を作る。ここでは、the feelings or views of … may be の後に続く little known に however が伴って「ほとんど知られていなくても」という譲歩の意味になる。

this truth is ③ **so** well fixed in the minds of the surrounding families, **that** he is considered as the rightful property of some one or other of their daughters.

③ so ... that s + v 構文「非常に〜なので s + v する」

... is so well fixed ...（しっかりと根付いている）のように so による強調がある時はその後に that 節が続くことを予測しよう。なお、この構文では so ... と that 節の距離が離れるときに that の前にカンマが置かれることがある。

People are concentrating so hard on what they are doing, that they are unaware of their surroundings.

人々は自分のしていることに集中するあまり、周囲のことに気がつかない。

本文 ❷

"My dear Mr. Bennet," said his lady to him one day, "have you heard that Netherfield Park is let at last?"

Mr. Bennet replied that ①-a he had not.

" ①-b But it is," returned she; "for Mrs. Long ② has just been here, and she told me all about it."

Mr. Bennet made no answer.

"Do not you want to know who has taken it?" cried his wife, impatiently.

"You want to tell me, and I have no objection to hearing it."

This was invitation enough.

意 味

「ねえ、ベネット」と夫人は夫にある日尋ねた。「ついにネザーフィールドのお屋敷が貸される（借り手がついた）こと、聞きましたか。」

ベネット氏は聞いていないと返事をした。

「でも、そうなのですよ」と彼女は言葉を返した。「というのも、ロング夫人が先ほどこちらにいらして、一部始終話してくださったのです。」

ベネット氏は何も答えなかった。

「だれがそれを借りたのか知りたいと思わないのですか？」と妻はいらつきながら大きな声で言った。

「君が話したいんだろ。だったら私はその話を聞くことには異論ない。」

それが十分な引き金となった。

lady　/léɪdi/

名 《英》〈one's lady で〉妻、女性、貴婦人
やや古いイギリス英語の用法。

let　/let/

動 〔家、部屋など〕を貸す、(したいように)させる
S be let で「S が借りられる・借り手がつく」という意味。

さらに イギリスでは To let と書かれた紙 (連絡先が書かれている場合が多い) が家、アパート、店舗に貼られていることがある。これは、「(この家、部屋、店舗) 貸します」や「貸し出し中」を意味する。これがアメリカ英語では For Rent となる。

at last

ついに、とうとう
長い時間待ち望んだことや努力の結果としてようやく実現したことを表す。
ここで at last が使われていることから、ネザーフィールド・パークの屋敷には長らく借り手がつかない状態が続いていたことがわかる。

» S+V until at last s+v　S+V してやっと、s+v する
- Lisa walked and walked until at last she got to the station.
(リサは歩いて歩いて、ついに駅に着いた。)

さらに at last に対して after all は期待や予測に反した結果が生じたことを表し「(しかし) 結局」という意味で用いる。
- Many people said this book did not sell well, but it sold the best after all.
(この本は売れないと多くの人は言ったが、結局は一番売れた。)

return　/rɪtə́ːrn/

動 〈直接話法で〉~と言葉を返す、答える

all about it

一部始終
基本的にこの表現は「そのことについてすべて」という意味から、〈tell 人 all about it〉という形で「人に一部始終話す」や〈know all about it〉で「すべて知っている」というパターンで用いられることが多い。

さらに all about A =「A についてのすべて」から、「最も大切なのは A だ」という意味になる。

- Good communication is all about clarity and explicitness.
  （良いコミュニケーションとは、明瞭で明確であることだ。）
  » That is what S is all about　それがSの本質だ
- That is what education is all about.
  （それが教育の本質だ。）

cry　/kraɪ/

動 〈直接話法で〉**〜と大声で言う**、涙を流して泣く

英語の小説では he cried のような表現が直接話法で使われると「泣いた」という意味ではなく、「大きな声で言った／叫んだ」の意味で用いられる。

さらに▶ 「大声で言う／叫ぶ」の意味の動詞には他に shout, roar, yell, call out などがある。

impatiently　/ɪmpéɪʃəntli/

副 もどかしそうに、**いらいらして**、じれったげに、こらえ切れずに

共に用いる動詞には wait, cry, say などがある。
- Allen is waiting impatiently for Tomoko.
  （アレンはトモコを待ち焦がれている。）

have no objection to A

A に異論はない、A するのは嫌ではない
- I have no objection to your proposal.
  （私は君の提案に異論はない。）

invitation　/ìnvɪtéɪʃən/

名 誘い、招待、招待状、誘因、**引き金**

ここでは夫の「その話を聞くことに異論はない」という言葉が引き金となったことを意味している。
  » an invitation to ...　〜への引き金
  » an invitation to disaster　災害の引き金
  » an invitation to *do*　〜するのを促すもの
- This book is an invitation to think about our daily food.
  （本書は私たちの日々の食べ物について考えるきっかけを与えてくれるものだ。）

文法のポイント

"My dear Mr. Bennet," said his lady to him one day, "have you heard that Netherfield Park is let at last?"

Mr. Bennet replied that ①-a **he had not**.

"①-b <u>But it is</u>," returned she; "for Mrs. Long ② **has just been here**, and she told me all about it."

① 動詞の省略が起こる時の条件とは？

英語の〈省略〉は「すでに話題に出たもの」で補うのが基本である。まず、下線部①-a の had not という形から、その後には過去分詞が続くと考える。そして、これを直前の現在完了形の have you heard that ...? を受けた返事と捉えることで、he had not の後には heard that Netherfield Park is let at last が続くことがわかる。これにより、訳文が「ベネット氏は聞いていないと返事をした」となっているのもわかるだろう。

同じように下線部①-b の But it is に続く要素は、直前の「同じような形」を補ってみよう。ここで、it = Netherfield を指すとわかれば、現在形の is の後には過去分詞 let が続く受動態だとわかる。これらの例が示す通り、動詞の省略は〈直前の要素で補える場合〉に起こる。

② 現在完了 have just been ＋場所

現在完了形は just と共に使うことで「ちょうど〜したところだ」という完了の意味を表す。Mrs. Long has just been here（ロング夫人はちょうどここにいた）のように現在完了形が用いられることで、「今の今までここにいた」という事実をはっきりと述べているのである。

本文 ❸

"Why, my dear, you must know, Mrs. Long says ①that Netherfield is taken by a young man of large fortune from the north of England; ②that he came down on Monday in a chaise and four to see the place, and was so much delighted with it that he agreed with Mr. Morris immediately; ③that he is to take possession before Michaelmas, and some of his servants are to be in the house by the end of next week."

> 意 味
>
> 「ねえ、あなた、それでは教えてあげましょう。ロング夫人によると、ネザーフィールドを借りたのは、イングランド北部からやってきたお金持ちの青年で、彼はこの場所を見るために月曜日に4頭立ての二輪馬車でやってきて、とても気に入り、すぐにモリスさんと折り合いをつけたのよ。そして、聖ミカエル祭（9月29日）の前に所有権を得て、召使いのうち何人かが来週末までには住み込むそうよ」

you must know

それでは教えてあげましょう、言っておきますが、では、話しましょう
これから自分が言いたいことを話すための前置きとして使われる表現。

さらに if you must know（それならば教えてあげますが／そんなにあなたが知りたいなら言いますが）のように、if を使うと、相手の質問にいらついているという含みがある。

- What do I wear in bed? A Chanel perfume, if you must know.
（寝るときに何を着るかって？ シャネルの香水よ、そんなに知りたいなら教えてあげる。）

chaise　/ʃeɪz/

名 幌のついた二輪馬車（1頭の馬で引く馬車のこと）
a chaise and four は馬4頭で引いている馬車のことで「4頭立ての二輪馬車」。
本来は馬1頭で引くのだが、4頭の馬が引いてきたということで非常に裕福な青年であることを示している。

さらに 大型の四輪馬車は coach。
a coach and four も4頭立ての馬車であるが、これは比較的大きな四輪馬車のこと。

be delighted with A

A が気に入る、A を大いに喜ぶ、A に大満足する
ここでは「下見した屋敷を気に入る」という意味。

さらに be delighted の後には to *do* や at, with, by、および that 節や when 節が続くことが多い。

- We would be delighted to hear from you.
（お気軽にご連絡ください。）
- I was delighted when he accepted my offer.
（彼が私のオファーを受け入れてくれて、私は嬉しかった。）

agree with *one*
人と意見が一致する、人に賛成する、人と折り合いをつける

agree with のもつ「意見が一致する」という意味から、「折り合いをつける」くらいの意味。あるいは「モリス氏と話をまとめた」と捉えるとよい。

take possession
所有者となる、所有権を得る

» take possession of a property　財産の所有権を得る

servant　/sə́ːrvənt/
名〔住み込みの〕召使い

古い時代を舞台にした小説では servant（使用人、召使い）、master（主人）、mistress（女主人）といった表現が出てくる。アメリカの小説では housekeeper、helper といった「お手伝いさん」が出てくる。

- Fire is a good servant, but a bad master.
（《ことわざ》火は従順な召使いであるが、悪しき主人である。）火は私たちの生活に欠かせぬほど役立つものであるが、時には人の命を脅かす存在でもあるということ。

» civil [public] servant　公務員

文法のポイント

Mrs. Long says ①that Netherfield is taken by a young man ... ②; that he came down on ... ③; that he is to take possession ...

セミコロン〈;〉話題を並べるはたらきをする

　Mrs. Long says に続いて3つの that 節がセミコロン〈;〉を伴って並べられている。ここでは、ロング夫人の発言内容が並ぶ形になっている。セミコロンはピリオド〈.〉とカンマ〈,〉が合わさった形で、カンマとコロンの中間の休止（ポーズ）を示そうとした記号である。

本文 ❹

"What is his name?"

"Bingley."

"Is he married or single?"

"Oh, single, my dear, to be sure! A single man of large fortune; four or five thousand a year. What a fine thing for our girls!"

"How so? how can it affect them?"

"My dear Mr. Bennet," replied his wife, "how can you be so tiresome? You must know that I am thinking of his marrying one of them."

"Is that his design in settling here?"

"Design? Nonsense, how can you talk so! But it is very likely that he may fall in love with one of them, and therefore you must visit him as soon as he comes."

意 味

「彼の名前は？」

「ビングリー。」

「結婚をしているのか、それとも独身なのか？」

「おやまあ、なんてこと、独身にきまっているわ！お金持ちの独身男性。年収4, 5千ポンドの。うちの娘たちにとってなんて素晴らしいことなのでしょう。」

「どうしてそう思うんだい？それがどのように娘たちに関係するのだ？」

「まあ、あなたったら」と妻は言葉を返した「なんであなたはそんなにつまらないの？いいですか、私はうちの娘のうちの一人が彼と結婚してくれればと考えているのです。」

「そういうもくろみで彼がここに引っ越してきたのか？」

「もくろみ？ばかばかしい。よくもまあ、そんなことが言えますね。彼はうちの娘の誰かと恋をすることがある可能性は高いと思っていますし、ですので、彼がやってきたらすぐにでも訪問していただかねばなりません。」

78

single /síŋgl/

形 独身の ⇔ married、個々の、ただ1つの、《英》片道の
さらに 〈each, every を強調して〉個々の、たったひとつの
[every day の強調]
- You see food waste every single day.
（食品廃棄は毎日目にするのだ。）
[not a single ... （たったひとつの〜もない）]
- Not a single empty can could be found on the white beaches.
（白い砂浜には空き缶ひとつ見当たらなかった。）

to be sure

たしかに、〈文頭・文中・文末で〉本当に、〔驚きを表して〕まったく、〈通例文末で〉おやまあ
ここでは、同じように驚きを表す Oh や my dear と共に使われている。

a man of A

A を持っている人
of A は「A を持っている」という〈所有〉を表す。
さらに a person [woman, man] に続く of A はその人の属性を表すことも多い。
» a man [woman] of few [many] words　口数の ｛少ない／多い｝ 人
» a man [woman] of his [her] words　信頼できる人、約束を守る人
» a person of integrity　誠実な人
» a person of power　権力者

How so?

どうしてそう思うの？、どうしてそうなるの？
前文の内容を受けて、驚きを表す。How is it so?「どうしてそうなるの？」の is it を省略した形。ここでは「家の娘たちにとって素敵な話であること」を受けて、「どうしてそう思うの？」と述べている。

affect /əfékt/

動 〜に関係する、〜に影響を及ぼす（与える）
affect は直接変化をもたらすこと、具体的な変化があることを意味する。influence は間接的な影響を与えるという意味である。

■ New technologies affect our lives.

（新しいテクノロジーは私たちの生活に影響を与える。）

実際に私たちの生活に変化があることを含意する。

tiresome   /táɪərsəm/

形 〔人・仕事・しぐさなどが〕いやな、うんざりする、いらいらさせる、つまらない

= irksome, wearisome /wíəris(ə)m/ 発音注意

さらに 接尾辞の -some は「～を生じる、特徴を表す」という意味で、名詞、形容詞、動詞につけて形容詞を作る。awesome（とってもよい、すごい）、burdensome（難儀な、重荷となる）、troublesome（面倒な、厄介な）など。

design   /dɪzáɪn/

名 計画、もくろみ、デザイン、設計

» have designs on A   A（地位・財産）を狙っている、下心を抱く

nonsense   /ná(:)nsens | nɔ́nsəns/

間 ばかばかしい、そんなばかな

how can you talk so!

よくもまあ、そんなことが言えますね。

it is likely that s＋v

～する可能性が高いと思う

that 節内に、助動詞の may を使って、確信度の低い主張を述べることがある。

■ It is likely that securing adequate numbers of healthcare professionals may be difficult after such a large disaster.

（このような大規模な災害の後では、十分な数の医療従事者を確保することは困難であるかもしれないのだ。）

さらに it seems likely that s＋v   ～ということはありそうだ

［〈It is likely to *do* / that s＋v〉と共に使い、可能性の高さを表す語］

» highly likely   可能性が高い

» less likely   可能性が低い

» more likely   より可能性が高い

» most likely   いちばん可能性が高い

therefore /ðéərfɔ́ːr/

副 それゆえ、したがって、その結果

therefore は副詞なので、節と節をつなぐことができない点に注意。本文にあるように and therefore とすることで後ろに文を続けることができる。

さらに therefore は直前の内容から導き出される結論を提示する時に用いる。ここでは it is very likely he may fall in love with one of them (そのうちのひとりと恋に落ちる可能性は非常に高い) と、you must visit him as soon as he comes (彼が来たらすぐにでも挨拶に行かなきゃならない) が and therefore で結ばれている。「金持ちの独身男性というのは結婚相手を探しているという考えに基づき、近所にそういう男がやってきたところ、自分の娘がその男の嫁となる可能性がある」という展開になっている。ベネット夫人の性格がなんとなくわかる部分である。▶ cf. P. 46

! 文法のポイント

You must know that I am thinking of (S)**his** (V)**marrying** (O)**one of them**.

動名詞の中にも SVO がある

I am thinking of ... に続く his marrying ... を〈意味上の主語＋動名詞〉として捉えることができる。しかし、「彼の結婚すること」とするとぎこちない感じがするので、ここは「彼が～と結婚すること」のように、his と marrying が SV の関係にあることを示すのがよい。また、one of them は marrying の目的語である。

本文 ❺

"I see no occasion for that. You and the girls may go ①——or you may send them by themselves, ②which perhaps will be still better; ③for as ④you are as handsome as any of them, Mr. Bingley might like you the best of the party."

"My dear, you flatter me. I certainly have had my share of beauty, but I do not pretend to be anything extraordinary now. When a woman has five grown-up daughters, she ought to give over thinking of her own beauty."

意 味

　「私が行くべき理由が見つからないな。君と娘たちとで行ったらいい — もしくは、娘たちだけを行かせたらいい。むしろそっちのほうがまだいいか。というのも、君は娘たちと勝るとも劣らず凛々しいのだから、ビングリーさんは一緒に行ったみんなの中で君を一番気に入るかもしれないぞ。」

　「まあ、あなたったら。お世辞がお上手で。私は、確かに昔からそれなりの美しさがあったけれど、今では何か並外れていると言い張りません。5人の大人になった娘がいる女性なら、自分の美しさをあれこれ考えるのをあきらめるべきなのです。」

see no occasion for A

A する理由がわからない

occasion は「機会」以外にも「理由、根拠」という意味がある。
see no occasion に続く for A は〈相手の提案・根拠・依頼〉を表す。この表現は、相手の提案に対する理由が見いだせず、相手の提案を断る時に用いる。ここでは「ビングリーが越してきたら、すぐに訪問して」という依頼に対して、合理的な理由を見つけられず「訪ねて行くべき理由が見当たらない」と断っている。

may　/meɪ/

助　〜かもしれない、〜してもよい、〜したらいい

You may do で相手に対して「〜してよい」という意味で用いるとやや高圧的な命令口調の響きがある。ここでは自分にはビングリーを訪ねるつもりはないので、君たちで行ったらどうだ、という強めの表現を使っている。

さらに　許可を与える may は下記のように使われる。

■ You may begin the test.
　（試験開始。）

学校で教員が生徒や学生に対して「試験開始」と号令をする時、英語では may を使うのが普通。許可を表す may は肯定文では「上下関係」がある場合に使う。「〈規則・法律〉による許可」を掲示するものや、正式な掲示や許可を与える権限を持つ人によって使われる。

handsome /hǽnsəm/

形 〔男性が〕ハンサムな、美男子の、〔女性が〕きりっとした、凜々しい

さらに▶ handsome は人の外見以外に、建物や施設にも使う。その場合、「立派な外見の」という意味になる。お金や利益とともに使うと「かなりの」という意味になる。

» a handsome building　立派な建物

» a handsome income　かなりの収入

party /pá:rṭi/

名 一行、集団、仲間、党、パーティー

» the best of the party　その集団の中で一番

flatter /flǽṭər/

動 〔人〕をおおげさにほめる、お世辞を言う

■ You flatter me.
（お世辞がお上手ですね。）

» flatter A into *doing*　A（人）をおだてて～させる

さらに▶ You are flattering yourself. は「君はいい気になっている」とか「調子に乗っている」という相手のうぬぼれを非難する表現になる。flattering は形容詞で「実物よりよく見せる、喜ばしい」という意味である。

» *one*'s flattering selfie　実物より良く見せる自撮り画像

have *one*'s share of A

それなりの A を持っている、抱えている

■ I've had my share of troubles.
（自分なりの苦労をしてきた。）

pretend to *do*

～するふりをする、～するように見せかける、あえて～すると言い張る

extraordinary /ɪkstrɔ́:rdənèri | -nəri/

形 並外れた、驚くべき、特別な

pretend to be anything extraordinary は「何か並外れていると言い張る」のように直訳できるが、ここでは、「あえて美人であると言い張る」ということを言っているのである。

» an extraordinary ability　並外れた能力

» an extraordinary progress　並々ならぬ進歩

grown-up /gròunʌ́p/

形 成人した、大人になった

さらに▶ grown-up を 1 単語として、「大人」という意味で、名詞としても使う。

- All grown-ups were once children ... but only few of them remember it.
  （大人もみなかつては子供だった。でもそれを覚えている大人はほとんどいないんだ。）
  サン＝テグジュペリ　『星の王子さま』

ought to *do*

～すべきである、～したほうがいい、〔推量・可能性を表して〕～するはずである

- You ought to be able to enjoy your youth.
  （自分の若さを謳歌できるはずだ。）

ought to *do* に be able to *do* が続くことが多いが、この場合、ought to *do* は「～はずだ」の意味になる。また、この時の enjoy は「享受する」⇨「謳歌する」のように捉える。

give over *doing*

《英》～することをやめる、あきらめる
イギリス英語のくだけた表現。

！　文法のポイント

You and the girls may go ①—or you may send them by themselves, ②which perhaps will be still better; ③**for as** ④**you are as handsome as any of them**, Mr. Bingley might like you the best of the party."

① 強調効果が増す ダッシュ〈—〉

　ダッシュ〈—〉はエムダッシュとも呼ばれるが、カンマ、コロン、セミコロンと同じように文の区切りを示すために使われる。ここでは — or ... と接続詞と共に使われているので、「もしくは」という言い換えの役割を果たしている。

② 直前の内容を受ける関係代名詞

　..., which perhaps will be ... の which 以下が指すのは直前の「娘たちだけで行かせたらいい」という内容を受けている。and it perhaps will be ... のように読み替えるとわかりやすい。

③ for as s＋v, S＋V のように従属接続詞が連続した場合の識別

for には「～のために」という前置詞の用法と、「というのは～だからだ」という接続詞の用法がある。前置詞の場合は名詞が、接続詞の場合はs＋vが後続することになる。

ここでは、for の後にさらに as が続いている。as も for と同様に前置詞と接続詞の用法があり、本文では as (s)you (v)are as handsome as ... のように、as の後にs＋v が続いているので、as が接続詞ということがわかる。次に、全体の文の構造を見てみると次のようになる。

　(接)for ⟨(接)as (s)you (v)are as handsome as any of them,⟩
　(s)Mr. Bingley (v)might like you the best of the party.

for に後続するs＋v は、(S)Mr. Bingley (V)might like ... であり、as you are はそれに伴う従属節だとわかる。

④ as 形容詞 as any (of them) のレトリック

as 形容詞 as any (of them) は「勝るとも劣らず～だ」という意味。ここでのポイントは A as 形容詞 as B という原級比較である。つまり、比較対象となる A と B とは〈同程度〉であるのが前提となる。これに any of them（娘たち全員）のような any を伴った比較対象が置かれることで、ある一定の範囲や集団内において「比較対象を上回ることはあっても、下回ることはない」という意味を表すのである。

例えば、Kenji is as tall as anyone in this room. という英文が表すことは、ケンジが、「この部屋にいる全員」と身長が同じであるということではなく、〈同じか、それ以上の高さ〉という可能性が含まれる。これを踏まえ、日本語訳は「勝るとも劣らず」などが当てられるのである。

本文 ❻

"In such cases, a woman ①has not often much beauty to think of."

"But, my dear, you must indeed go and see Mr. Bingley when he comes into the neighbourhood."

"It is more than I engage for, I assure you."

"But consider your daughters. ②Only think what an establishment it would be for one of them. Sir William and Lady Lucas are determined to go, merely on that account; for in general, you know, they visit no new comers. Indeed you must go, for it will be impossible for us to visit him, if you do not."

意味

「そんな場合には、女は気にするほどの美しさがほとんど残っていないのだがね。」

「でも、あなた、ビングリーさんが近所にいらしたときには、本当にビングリーさんのところに行ってご挨拶をしなければなりませんよ。」

「それは保証しかねる。断言する。」

「ですが、娘たちのことを考えてください。娘たちのうちの誰かにとって、それがどれぐらい素晴らしい結婚になるか少しでも考えてごらんなさい。ウィリアム卿とルーカス夫人は、単にその理由で訪問することを決めたのです。というのも、たいてい、新しくやってきた人たちのところになんて彼らは訪問しないのですから。本当にあなたが行ってくださいね。それであなたが行かなければ、私たちがビングリーさんのところに行くことはできないのですから。」

単語 語法

in such cases

そんな場合に = in cases like this, in such cases as this

「このような場合に」「そんな場合に」は「S は V する（べき・べきではない）」という文脈で使われる。

» in such cases, it may not be possible to tell ...　そんな場合に、〜ということはできないかもしれない

indeed　/ɪndíːd/

〔be 動詞・助動詞の後に置かれて〕本当に、確かに、〔文末に置かれて〕実に、まったく

さらに▶ Thank you very much indeed. のように使われた場合は indeed が very を強調すると考える。

It is more than s + v

それは s + v できないことだ

「それは s + v する以上のことだ」から転じて「s + v できないことだ」という意味になる。ここでは I engage for（私が保証する）が続くので、「それについては保証できない」という意味になる。このときの more than は「〜以上である」「十二分に」という意味で、「それは、私が保証すること以上だ」という意味から「保証の範囲を逸脱している」⇨「保証できない」という解釈になる。このように理屈を押さえるのも良いが、

It's more than s+v＝「それは s+v できないことだ」と捉えておくとわかりやすい。

■ It is more than I can bear.
（それは耐えられないことだ。）

さらに また、s+v が続かない場合の it is more than A も「それは A ではない」のように捉えておくとわかりやすい。

engage for A
A を保証する、A の責任を取る

I assure you
断言する、保証する

さらに I assure you の後に that 節が続くこともある。

■ I assure you that you'll eventually want to break that promise.
（君は最終的にその約束を破りたくなると保証するよ。）

この表現は I assure you that s+v で「きっと s+v するよ」と捉えておくとわかりやすい。

establishment /ɪstǽblɪʃmənt/
名 結婚、身を固めること、世帯、設立、確立、定め、制度　▶cf. P. 142

merely /míərli/
副 ただの、単に

さらに not merely A but (also) B　単に A だけでなく B も

■ Being bilingual is not merely a matter of birth but a question of choice.
（バイリンガルであることは、単に生まれつきの問題ではなく、選択の問題なのだ。）

not only A but (also) B と同じ意味。

on that account
そのため、そうだからといって、そのことが理由で

さらに on this account は「このことが理由で」。that も this も基本的に前文の内容を受ける。

in general
一般的に、大抵、概ね＝generally

» people in general　一般の人々

文法のポイント

In such cases, a woman ①**has not** often much beauty to think of.

① have の使い方：イギリス英語の特徴

ここでの has not が doesn't have の意味で使われるのはイギリス英語の特徴である。また、イギリス英語であっても、現在では haven't got を使うことが多くなっている。ただし、haven't the slightest idea（ちっともわからない）、haven't a clue（わからない）などの慣用表現は、このままの形で使うことが多い。

Only think ② **what an establishment it would be for one of them**.

② 間接感嘆文

Only think …（少しでも考えなさい）という命令文の中に、what an establishment it would be for one of them（彼女たちの一人にとって、それはなんて良い縁談なのか）という感嘆文が入り込むものを〈間接感嘆文〉と呼ぶ。この時の what an establishment には「驚くべき」というニュアンスがある。例えば次のように、間接疑問文と間接感嘆文は見た目に似ていても、「驚く」ようなニュアンスがあるかどうかに違いが出ることがある。

I can understand how beautiful this view is.
（私はこの景色がどれほど美しいか理解できる。）
I am surprised at how beautiful this view is.
（私は、この景色があまりにも美しいことに驚いている。）

同じ how beautiful でも、間接疑問文では単に「美しさの程度」を「どれほど美しいか」と述べており、間接感嘆文では、その美しさが「驚くほどであること」を述べている。

Pride and Prejudice

Jane Austen

It is a truth universally acknowledged, that a single man in possession of a good fortune, must be in want of a wife.

However little known the feelings or views of such a man may be on his first entering a neighbourhood, this truth is so well fixed in the minds of the surrounding families, that he is considered as the rightful property of some one or other of their daughters.

"My dear Mr. Bennet," said his lady to him one day, "have you heard that Netherfield Park is let at last?"

Mr. Bennet replied that he had not.

"But it is," returned she; "for Mrs. Long has just been here, and she told me all about it."

Mr. Bennet made no answer.

"Do not you want to know who has taken it?" cried his wife, impatiently.

"You want to tell me, and I have no objection to hearing it."

This was invitation enough.

"Why, my dear, you must know, Mrs. Long says that Netherfield is taken by a young man of large fortune from the north of England; that he came down on Monday in a chaise and four to see the place, and was so much delighted with it that he agreed with Mr. Morris immediately; that he is to take possession before Michaelmas, and some of his servants are to be in the house by the end of next week."

"What is his name?"

"Bingley."

"Is he married or single?"

"Oh, single, my dear, to be sure! A single man of large fortune; four or five thousand a year. What a fine thing for our girls!"

"How so? how can it affect them?"

"My dear Mr. Bennet," replied his wife, "how can you be so tiresome? You must know that I am thinking of his marrying one of them."

"Is that his design in settling here?"

"Design? Nonsense, how can you talk so! But it is very likely that he may fall in love with one of them, and therefore you must visit him as soon as he comes."

"I see no occasion for that. You and the girls may go—or you may send them by themselves, which perhaps will be still better; for as you are as handsome as any of them, Mr. Bingley might like you the best of the party."

"My dear, you flatter me. I certainly have had my share of beauty, but I do not pretend to be anything extraordinary now. When a woman has five grown-up daughters, she ought to give over thinking of her own beauty."

"In such cases, a woman has not often much beauty to think of."

"But, my dear, you must indeed go and see Mr. Bingley when he comes into the neighbourhood."

"It is more than I engage for, I assure you."

"But consider your daughters. Only think what an establishment it would be for one of them. Sir William and Lady Lucas are determined to go, merely on that account; for in general, you know, they visit no new comers. Indeed you must go, for it will be impossible for us to visit him, if you do not."

単語・表現

universally	世間一般に
acknowledged	認められた
in possession of A	Aを所有している
fortune	財産
in want of A	Aが必要で
view	意見
surrounding	近隣の
rightful	正当な
property	所有物
some one or other	誰かしら
lady	妻
let	〔家、部屋など〕を貸す
at last	ついに
return	～と言葉を返す
all about it	一部始終
cry	～と大声で言う
impatiently	いらいらして
have no objection to A	Aに異論はない
invitation	引き金
you must know	それでは教えてあげましょう
chaise	二輪馬車
be delighted with A	Aを気に入る
agree with *one*	人と折り合いをつける
take possession	所有権を得る
servant	召使い
single	独身の
to be sure	おやまあ
a man of A	Aを持っている人

How so?	どうしてそう思うの？
affect	～に関係する
tiresome	つまらない
design	もくろみ
nonsense	ばかばかしい
how can you talk so!	よくもまあ、そんなことが言えますね
it is likely that s＋v...	～する可能性が高いと思う
therefore	したがって
see no occasion for A	Aする理由が見つからない
may	～したらいい
handsome	凛々しい
party	集団
flatter	お世辞を言う
have *one*'s share of A	それなりのAを持っている
pretend to *do*	あえて～すると言い張る
extraordinary	並外れた
grown-up	大人になった
ought to	～すべきである
give over *doing*	～することをやめる、あきらめる
in such cases	そんな場合に
indeed	本当に
It is more than s＋v	それはs＋vできないことだ
engage for A	Aを保証する
I assure you	断言する
establishment	結婚
merely	単に
on that account	そのことが理由で
in general	大抵

Chapter 6
The Great Gatsby

『グレート・ギャツビー』

作者　スコット・F・フィッツジェラルド
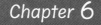
出版年：1925 年

　『グレート・ギャツビー』は、これまでに何度も映画化され、マンガ化されるなど、今でも多くの人々の心を捉えています。物語の舞台は 1922 年、第一次世界大戦後の好景気に沸くアメリカです。証券会社ではたらく語り手のニック・キャラウェイが引っ越した先には大豪邸がありました。その大豪邸では毎晩、きらびやかな人々が集い、パーティが行われていました。その主がジェイ・ギャツビーです。彼は、いかがわしい商売をして大金持ちになったと噂される人物です。ギャツビーは、かつての恋人（デイジー）が忘れられず、この地に越してくるのです。ギャツビー邸の向こうにはデイジーたち家族の住む屋敷がありました。デイジーは既に結婚をしていますが、ギャツビーは様々な手を使って逢い引きを重ねます。二人の関係が頂点に達するも、それははかない時間でした。そこから物語は急降下していきます。

　『グレート・ギャツビー』を翻訳した村上春樹は「『グレート・ギャツビー』の翻訳においてもっとも心を砕き、腐心したのは、冒頭と結末の部分だった」とそのあとがきに記すほど、冒頭部分は美しく、そして繊細な文章になっています。

本文 ❶

In my younger and more vulnerable years my father ①gave me some advice that ②I've been turning over in my mind ever since.

"Whenever you feel like criticizing any one," he told me, "just remember that ③all the people in this world haven't had the advantages that you've had."

意味

若くて傷つきやすかった頃、父が私にくれたアドバイスが、それ以来、私の心の中で繰り返されている。

「誰かを批判したくなるときはいつでも」と父は言った「この世界のすべての人々が、お前が持っている強みを持っているわけではないことを思い出しなさい。」

vulnerable /vʌ́lnərəbl/

形 〔感情などが、批判などで〕傷つきやすい、〔病気などに〕かかりやすい、影響を受けやすい

- The Ministry of Defence is one of the government departments most vulnerable to cutbacks.
(国防省は削減の影響を最も受けやすい省庁のひとつである。)

year /jíər/

名 〈複数形の years で〉時期、期間、〔歴史上の〕時代、〜の頃
the years of Queen Elizabeth Ⅱ　エリザベス女王 2 世の時代
» in my teenage years　私が十代の頃

turn A over (in *one*'s mind)

〔〜の心の中で〕A を思い巡らせる、A を熟考する

turn A over であれば「A をひっくり返す」という意味。ここでは、in *one*'s mind と続き to think carefully about it で「そのことについて注意深く考える」という意味。本文は turning some advice over in my mind がもとの形。

ever since

それ以来ずっと

現在完了形〈have＋動詞の過去分詞形〉と共に用いる。

feel like A

A〔もの〕が欲しい、A〔行為〕がしたい気がする

A には名詞・動名詞がくる。feel like *doing* は口語的な表現で「ふと～したくなる」のような意味合い。feel like の後に飲食物が続くと「～が食べたい（飲みたい）」という意味になる。

criticize　/krítəsàɪz | krítɪ-/

動〈criticize A (for B) で〉(B のことで) A〔ひと・もの〕を批判する、あら探しをする、非難する

さらに 過ちを責め立てる場合は accuse。
行為に関する責任を問いながら責める場合は blame。
非道徳的であることを責める場合は condemn。
» condemn terrorism　テロリズムを非難する

advantage　/ədvǽnṭɪdʒ | -vάːn-/

名 恵まれている点、強み、利点 ⇔ disadvantage

〈A have a big [great/definite] advantage over B〉で、「A（人）は B をはるかにしのいでいる」というように have ... advantage over という使いかたが一般的。
〈A give B an advantage over C〉で、「A（物事）は B（人）にとって C よりも優位であった」。

■ This experience will be a great advantage in my career.
（この経験は、私のキャリアにおいて大きな強みとなるだろう。）

文法のポイント

my father ① gave me some advice that ② I've been turning over in my mind ever since

① give [人]＋[もの]　（人）に（もの）を与える

〈some ＋不可算名詞〉や〈some ＋可算名詞の単数形〉で「とある～」「ある～」の意味。〈give 人 some 名詞〉の形では、名詞の位置に advice, information, money, feedback などがよく現れ、「ちょっとアドバイスをする」のように「少し～する」という意味になる。

② 現在完了進行形

〈have/has＋been ＋ 現在分詞（動詞＋-ing）〉で「過去に始めたことが、現在まで継続して進行していること」「過去に始めたことが現在に至るまで繰り返されていること」を表す。

ここでは、「父親からアドバイスをもらってから、それが常に心の中で繰り返されている」意味を伝えるために現在完了進行形が用いられている。

③**all** the people in this world **haven't** had the advantages that you've had.

③ 〈all ... not～〉で部分否定

〈all ... not ～〉は〈not ～ all ... 〉と同じように「すべての～は…というわけではない」という部分否定の解釈ができるので、今回は「すべての人がお前と同じような強みがあるわけではない」となる。all ... not ～は、「すべての～は…ではない」という全体否定の意味で捉えることもできるが、これは、〈all＋名詞〉が「そのすべて」という意味で〈総和の集合〉を表す場合に限られる。

本文 ❷

①He didn't say any more but we've always been unusually communicative in a reserved way, and I understood that he meant a great deal more than that. In consequence ②I'm inclined to reserve all judgments, ③a habit that has opened up many curious natures to me and also made me the victim of not a few veteran bores.

意味

彼はそれ以上言わなかったが、僕らは多くのことばを交わさずに、いつも並外れて通じ合っていたので、僕は父がその言葉以上に多くのことを意図しているのはわかっていた。その結果、私はすべての判断を保留するきらいがある。つまり、この癖のおかげで私は、一風変わった者たちを数多く寄せつけ、さらには、少なからぬ退屈極まりない話ばかりする連中の犠牲にもなってきた。

not ... any more
それ以上〜でない、二度と〜でない、もはや〜ない

unusually /ʌnjúːʒuəli, ʌ̀n-, -ʒəli/
副 〔形容詞の前で〕異常に、非常に、並外れて
» an unusually high (large) number of very hot days　異常に猛暑日が多い
» an unusually high (large) proportion of the workforce　労働人口に占める割合が異常に高い

communicative /kəmjúːnəkèɪṭɪv | -nɪkə-/
形 意思疎通の、話し好きな、隠し立てをしない
自分の気持ちを相手に伝えたり、情報を伝えたりすることに積極的な人のこと。
» unusually communicative　人並み以上に意思疎通ができる
■ A communicative person is good at talking to clients to understand what their problems are.
（コミュニケーション能力の高い人は、顧客の問題を理解するために話をするのが得意だ。）

in a ... way
〜な方法で、〜のように
» in a similar way　同じように
» in a different way　異なった
» in a general way　一般的に
» in a certain way　ある点では、見方によっては
» in a reserved way　多くの言葉を交わさずに

reserved /rɪzə́ːrvd/
形 控えめな、言葉数の少ない、打ち解けない、〔部屋・座席・切符などが〕予約した
動詞 reserve の過去分詞から派生したもの。「態度が控えめな」「親しくなるのに消極的な」という意味。 ▶cf. P. 98

a great deal
たくさん、多量
» a great [good] deal of A　｛多量／たくさん｝の A〈不可算名詞〉
さらに a lot of A、a large [great] number of A で「たくさんの A〈可算名詞〉」。

in consequence

その結果、それゆえ、したがって

あることがらの結果として、何が起こったのか、どう変化したかなどを述べる時に使う。

reserve /rɪzə́ːrv/

動 〔判断・決定〕を差し控える、保留する

「将来の使用のために取っておく、蓄える」という語源的な意味から、「保持する」「予約する」という意味になった。

judgment /dʒʌ́dʒmənt/

名 〈可算名詞〉〔熟考後の〕判断、意見、評価

» reserve [suspend] judgment　意見を控える

» make [exercise] a fair judgment　公正な判断をする

habit /hǽbɪt/

名 癖、習慣

無意識のうちにやってしまっている習慣を表す。ここでは、父親から言われたことが頭に残っていて、それが無意識に出てしまう癖のことをいっている。

さらに 〔個人が意識的に行っている習慣〕は practice、〔社会的な約束事としての習慣〕は custom という使い分けもおさえておこう。make it a practice to *do* や make a practice of *doing* で「～するのが習慣である」という意味の表現もある。

open up A

A を〔眼前に〕現す、あらわにする、A を（～に）さらけ出す

a habit that has opened up many curious natures to me は、直訳では「ある癖によって、詮索好きな者たちを私の眼前に現した」である。つまり、「ある癖が私に詮索好きな者たちを引き寄せてくれた」ということである。あまり自分の考えを言わないので、あれこれ聞きだそうとする人たちが集まってきたことを表している。

■ The ability to speak English fluently opened up a new world to him.
（英語を流暢に話せるようになったことで、彼に新しい世界が開けた。）

curious /kjúəriəs/

形 詮索好きな、好奇心の強い、物を知りたがる、奇妙な、おかしな

nature /néɪtʃər/
名 〔〜という〕気質の人、性質、本質、自然

victim /víktɪm/
名 犠牲者、被害者
» become the victim of the crime　犯罪の犠牲者となる
» remember the victims of the atomic bomb　原爆の犠牲者を追悼する
remember には「〜と追悼する」という意味がある。

veteran /vétərən/
形 熟練した、ベテランの、老練な、長期にわたる
年齢を重ねているというニュアンスが含まれる。
さらに 名詞として「退役軍人」という意味で使われる。

bore /bɔːr/
名 〔つまらないおしゃべりなどで〕うんざりさせる人、退屈させる人
veteran bores は「退屈話をしてうんざりさせるような熟練した人」なので「呆れるほど退屈な話しかしない連中」という批判的な意味を表す。

 文法のポイント

> ① **He didn't say** any more but **we've always been** unusually communicative in a reserved way.

① 過去形と現在完了形

　He didn't say any more は「そのとき、彼（＝父）はそれ以上のことを言わなかった」という過去の事実を表す。この作品の冒頭部分では、語り手が「今の状態」を現在形で語り、父との思い出を「過去形」で語っている。

　we've always been unusually communicative in a reserved way は〈have＋動詞の過去分詞形〉という現在完了形で、過去から現在に至るまでのことについてを表している。つまり、当時もそうであったが、今でも父親とはあまり多くを語らずして、わかり合えている、ということを意味している。

――― 同格 ―――
② **I'm inclined to reserve all judgments,** ③**a habit** (**that** has opened up many curious natures to me and also made me the victim of not a few veteran bores)

② 現在形

現在形は、過去から、現在、そして未来に渡って変わらない事実、事柄、習慣、性質を表す。ここでは、I'm inclined to ... で「～する傾向がある」という意味で、今でもその癖が抜けない状態であることを示している。

③ 文と名詞の同格

同格とは a German scientist, Alfred Wegener（ドイツ人の科学者、アルフレッド・ウェゲナー）のように2つの名詞句が並列されて、前の名詞の内容を後ろの名詞で補足したり、後ろの名詞が前の名詞の意味を限定したりするような、2つの要素が〈イコール関係〉であることを表す構造のことである。また、〈the fact that s+v〉のように特定の名詞の後ろに同格の that 節を置くパターンもある。さらに、もうひとつのパターンとして〈S+V～，＋名詞〉でS+V で述べた内容を名詞で言い換える同格表現がある。つまり、ここでの例で言えば、「私はすべての判断を保留するきらいがある」という文の内容を一言で a habit と言い換えている。これは「つまり、その癖が」のように読んでいこう。これが「文と名詞の同格」と呼ばれるものである。

本文 ❸

The abnormal mind is quick to detect and attach itself to this quality when it appears in a normal person, and so it came about that in college I was unjustly accused of being a politician, because I was privy to the secret griefs of wild, unknown men.

意 味

普通ではない精神を持った人というのは、そのような資質が普通の人に現れると、それをすぐさま察知して、まとわりついてくるのである。それで大学では策士だと不当に非難を浴びるようになってしまったのも、知りもしない粗野な奴らの誰にも見せない深い悲しみをひそかに打ち明けられて知ったという理由からである。

abnormal /æbnɔ́ːrməl/

形 異常な、〔悪い意味で〕普通ではない

- Jimmy has an abnormal fear of spiders.
 (ジミーは蜘蛛に対する異常な恐怖を持っている。)

さらに abnormal は悪い意味で「普通ではない」を表す。一方、unusual、exceptional や extraordinary は良い意味で「普通ではない」を表すことができる。 ▶cf. P. 83
これらは remarkable（際立った）と近い意味である。

be quick to *do*

すぐに～する、ためらわずに～する

to *do* には「褒める、指摘する、口にする、非難する、対応する」など言動を表す表現が入る。

- Gordon was quick to respond.
 (ゴードンの対応は素早かった。)
- Janet was quick to point out the error.
 (ジャネットはすかさず誤りを指摘した。)

detect /dɪtékt/

動 ～を発見する、察知する

- I detected a lie in his story.
 (私は彼の話に嘘があることを見抜いた。)

さらに 類語には discover（～を発見する）がある。
名詞の detective は「刑事」、private detective で「探偵」、形容詞として「刑事〔探偵〕もの」。

attach /ətǽtʃ/

動 〈attach *oneself* to A〉 A を慕って離れない、A にまとわりつく

ここでは、attach itself to this quality で「普通ではない精神の持ち主が私の気質に強い愛着を示す」という意味。

さらに 名詞の attachment は「付属品」の意味のほかに attachment to ... で「～への愛着」の意味もある。

quality /kwά(:)ləṭi | kwɔ́l-/

名 質、品質、資質、特性

本文で this quality となっている。これは本文②に出てきた「物事を断定的に言わず、判断を保留する癖」のことを指している。

- He has a cowboy quality.
  (彼はカウボーイ気質だ。)

and so

それで、だから

- He saved money diligently, and so he could afford a new car.
  (彼は真面目にお金を貯めていたので、新車を買う余裕があった。)

さらに これに対して、and yet という表現もある。この場合は、「だが」や「それでも」という意味。

- People are aware of food waste and yet they continue to buy more food than they need.
  (人々は食品廃棄について認識しているが、それでも必要以上の食品を買い続けている。)

unjustly /ʌ̀ndʒʌ́s⁊li/

副 不公平に、不当に

justly（公平に）という副詞に打消しの un- が付いた単語。
形容詞の just（公正な）の副詞であり、ラテン語の「正義、公正」に由来している。

- He was unjustly accused of theft.
  (彼は盗みの罪で不当に告発されました。)

さらに 名詞形が justice（公正、公正さ、正義）であることも関連させて覚えておきたい。副詞の just（ちょうど、まさに）と混同しないようにする。

accuse /əkjúːz/

動 〔人〕を非難する、～を（～のかどで）責める、告発する、非難する

» be accused of A　A として非難される、告発される

- He was accused of having lied about the affair.
  (彼はそのことについてうそをついたと非難された。)

politician /pὰ(:)lətíʃən | pɔ́l-/

名 政治家、策士

グループの中での様々な状況をうまく利用して、自分自身の権力や優位を得ようとする人のことを指し示す。

be privy to A

A をひそかに打ち明けられ知っている、A の内情に通じている

- He was privy to the secret plans.
（彼は極秘の計画を知っていた。）

grief /griːf/

名 深い悲しみ、悲嘆

さらに sorrow は一般的に用いられる「悲しみ」を表す語。後悔したり、残念に感じたり、不幸なことへの悲しみを表す。sadness は喪失感を伴う悲しみ、grief は、不幸、喪失、死別から生じる深い苦悩を表す。

it came about that in college I was unjustly accused of being a politician

定型表現をおさえておこう

〈it comes about that s＋v ... 〉は定型表現で、「～ということになる」という意味。話し手・書き手にとって予想外のことが生じたことを表す。

本文の and so it came about that のように it comes about が and so に続いて出てくることがある。さらに、ここでは自分に罪があるわけではないのに不当に批難をあびることになった。自分には全く予想もしないことが起こったということが表されている。また、〈How does it come about that s＋v...?〉も「どうして～のですか？」という意味で理由や経緯を聞くときによく使われる定型表現である。

How did it come about that you would direct?
（あなたが監督を務めることになった経緯は？）

もちろん、it が that 以下の内容を指す形式主語であるという文法的な理解も必要だが、よく出てくる言い回しなのでそのまま頭に入れておけば瞬時に意味を把握できるようになる。

本文 ❹

🔊 6-4

Most of the confidences were unsought—frequently I have feigned sleep, preoccupation, or a hostile levity when I realized by some unmistakable sign that an intimate revelation was quivering on the horizon—for the intimate revelations of young men or at least the terms in which they express them are usually plagiaristic and marred by obvious suppressions.

意味

ほとんどの打ち明け話は、こちらが望んでいるようなものではなかった。明白な兆候によって個人的な打ち明け話が水平線のところで揺らめいていることに気づいたところで、私はしばしば、眠ったふりをしたり、考えごとをしているふりをしたり、突っかかってからかう態度を装ったりした。というのも、若者の個人的な打ち明け話というのは、少なくとも彼らがそうしたことを表現するときの言葉というのは大抵、既に誰かが使った言葉であり、あきらかな抑圧によってゆがめられているものなのだ。

単語 語法

confidence　/ká(ː)nfɪdəns | kɔ́n-/

名 〈可算名詞〉打ち明け話、秘密
» take ... into *one*'s confidence　〜に秘密を打ち明ける
» share confidences　内緒話をする
さらに 不可算名詞では「自信」「確信」。

unsought　/ʌnsɔ́ːt/

形 求め（てい）ない、願われ（てい）ない

feign　/feɪn/

動 〜のふりをする、〜を装う；SV to *do* 〜すると見せかける
» feigned sleep　眠ったふりをする、空寝する

preoccupation /prià(:)kjupéɪʃən | -ɔ́k-/

名 没頭、夢中、〔何か重要だと思い〕考え続ける

hostile /há(:)stəl | hɔ́staɪl/

形 挑発的な、反友好的な、敵対的な、突っかかっていくような

» be completely hostile　完全に敵対している

levity /lévəti/

名 無思慮、ふまじめさ、軽率、移り気

重要なことなのに真面目に取り合おうとしない態度を表す。

unmistakable /ʌ̀nmɪstéɪkəbl/

形 紛れもない、間違えようのない、明白な

intimate /íntəmət | -tɪ-/

形 親密な、個人的な

さらに 動詞の発音は /íntəmèɪt/。

revelation /rèvəléɪʃən/

名 暴露、打ち明け、啓示

an intimate revelation was quivering on the horizon は比喩的な表現。「そろそろ個人的な打ち明け話が始まろうとする雰囲気を察知する」ということが表されている。

quiver /kwívər/

動 震える、揺れる、おののく

■ The poplar leaves quivered in the breeze.
　（ポプラの葉がそよ風を受けて揺れた。）

plagiaristic /plèɪʤərístɪk/

形 盗用の

他人のアイデアや作品を、あたかも自分が考え、あるいは創作したかのように装うこと。

mar /mɑːr/

動 ～をひどく傷つける、台なしにする、ゆがめる

受動態で用いられることが多い。

■ Her reputation was marred by the scandal.
　（彼女の評判は、そのスキャンダルによって傷ついた。）

文法のポイント

the terms [**in which** they express them ~~in the terms~~] are
usually plagiaristic

A in which ... : 先行詞の後に前置詞＋関係代名詞が続く

in the terms（言葉で）が、in which となり、先行詞 the terms の後ろに移動する。
in which they express them（彼ら（若者たち）がそれら（打ち明け話）を表現する）
が the terms（言葉）を修飾し、詳しく説明するはたらきをしている。

本文 ❺

🔊 6-5

Reserving judgments is a matter of infinite hope. I am still a
little afraid of missing something if I forget that, as my father
snobbishly suggested, and I snobbishly repeat, a sense of the
fundamental decencies is parcelled out unequally at birth.

意味

判断を保留するということは、無限の希望へとつながることである。父が物知
り顔をしてかつて言ったように、そして僕が今でも物知り顔をしながら繰り返
しているように、人間の根底にある品位に対する感覚が、生まれたときに不平
等に分配されていることを忘れてしまうと、僕は何かを見落としてしまっては
いないかといささか今でも心配になる。

単語 語法

infinite   /ínfɪnət/

形 限りない、無限の、果てしない、無数の ⇔ finite

■ It took infinite patience to listen to his long-winded stories.
（彼の長々とした話を聞くには、無限の忍耐が必要だった。）

snobbishly   /snɑ́(ː)bɪʃli | snɔ́b-/

副 俗物的に、物知り顔で

形容詞は snobbish。

106

fundamental /fʌ̀ndəmén_t_əl/
形 根本的な、根底にある、重大な

decency /díːsənsi/
名 〔行動・態度などの〕品位、礼儀正しさ、良識、身だしなみのよさ
» have a sense of decency　良識がある

parcell out A
A を分配する、振り分ける、小分けにする
さらに　名詞は parcel《英》で「小包」を意味する。
また、part and parcel of A で「A の本質的な部分、骨子」という意味になる。

at birth
生まれたとき、出生時

文法のポイント

Reserving judgments is a matter of infinite hope.

主語になる動名詞の識別：主語と動詞の一致に注目しよう

〈*Doing*＋名詞〉のかたまりを見たら、動名詞「名詞を〜すること」なのか、現在分詞（〜している名詞）なのかを判断する必要がある。
次の例を見てみよう。
Running marathons is a good way to stay healthy.
（マラソンを走ることは健康を維持するための良い方法だ。）
主語は Running marathons だが、それに続く動詞が is となっていることから、主語が単数扱いになっていることがわかる。この場合 doing は動名詞である。同様に、本文の Reserving judgments is ... も動詞が is であることから Reserving が動名詞の主語だとわかるので「判断を保留するということは〜」となる。
これに対して、以下のような例では、動詞が複数名詞 wheels と一致していることから、training は現在分詞が形容詞的にはたらいた「トレーニングのための」という意味だとわかる。「車輪を鍛えること」のような意味にはならない点に注意しよう。主語と動詞の一致に注目することは、動名詞か現在分詞か判断する助けになる。以下の例で確認しておこう。
Training wheels are important to learn to ride a bicycle.
（補助輪は自転車に乗れるようになるために重要だ。）

The Great Gatsby

F. Scott Fitzgerald

In my younger and more vulnerable years my father gave me some advice that I've been turning over in my mind ever since.

"Whenever you feel like criticizing any one," he told me, "just remember that all the people in this world haven't had the advantages that you've had."

He didn't say any more but we've always been unusually communicative in a reserved way, and I understood that he meant a great deal more than that. In consequence I'm inclined to reserve all judgments, a habit that has opened up many curious natures to me and also made me the victim of not a few veteran bores. The abnormal mind is quick to detect and attach itself to this quality when it appears in a normal person, and so it came about that in college I was unjustly accused of being a politician, because I was privy to the secret griefs of wild, unknown men. Most of the confidences were unsought—frequently I have feigned sleep, preoccupation, or a hostile levity when I realized by some unmistakable sign that an intimate revelation was quivering on the horizon—for the intimate revelations of young men or at least the terms in which they express them are usually plagiaristic and marred by obvious suppressions. Reserving judgments is a matter of infinite hope. I am still a little afraid of missing something if I forget that, as my father snobbishly suggested, and I snobbishly repeat, a sense of the fundamental decencies is parcelled out unequally at birth.

単語・表現

vulnerable	傷つきやすい		attach	まとわりつく
year	〜の頃		quality	資質
turn A over (in *one*'s mind)	Aを思い巡らせる		and so	それで
ever since	それ以来ずっと		unjustly	不当に
feel like A	A〔行為〕がしたい気がする		accuse	〔人〕を非難する
criticize	A〔ひと・もの〕を批判する		politician	策士
advantage	強み		be privy to A	Aをひそかに打ち明けられ知っている
not ... any more	それ以上〜でない		grief	深い悲しみ
unusually	並外れて		confidence	打ち明け話
communicative	意思疎通の		unsought	求め（てい）ない
in a ... way	〜のように		feign	〜のふりをする
reserved	言葉数の少ない		preoccupation	〔何か重要だと思い〕考え続ける
a great deal	たくさん		hostile	突っかかっていくような
in consequence	その結果		levity	ふまじめさ
reserve	保留する		unmistakable	明白な
judgment	判断		intimate	個人的な
habit	癖		revelation	打ち明け
open up A	Aを〔眼前に〕現す		quiver	揺れる
curious	奇妙な		plagiaristic	盗用の
nature	気質の人		mar	ゆがめる
victim	犠牲者		infinite	無限の
veteran	熟練した		snobbishly	物知り顔で
bore	退屈させる人		fundamental	根底にある
abnormal	〔悪い意味で〕普通ではない		decency	品位
be quick to *do*	すぐに〜する		parcell out A	Aを分配する
detect	察知する		at birth	生まれたとき

Chapter 7

The Picture of Dorian Gray

『ドリアン・グレイの肖像』

作者　オスカー・ワイルド　Oscar Wilde

出版年：1891 年

　若く美しい青年であるドリアン・グレイは、友人の画家であるバジル・ホールウォードのモデルとなり、肖像画を描いてもらいます。その後、ドリアンの美しさを称賛してくれるヘンリー・ウォットン卿と出会い若さと美しさが何よりも大切なことだと感化され、快楽に溺れていきます。年月と共に自分自身は老いていくが肖像画は決して老いることがない、代わりに肖像画が老いればいいのにと願うようになるのです。ドリアンは婚約までした舞台女優から魅力が失われていくと、彼女をいとも簡単に捨ててしまいます。このように道徳的に堕落する生活を続けているうちに、肖像画が老いて醜い姿に変わっていることに気づき、肖像画を屋根裏に隠します。そこから年月が経ち、ドリアンの悪い噂を確かめるためにバジルがドリアンのところで目にしたのが、醜く変わり果てた肖像画でした。それを見たバジルに責め立てられたドリアンはここでも罪を犯してしまうのです。それからドリアンはアヘンに溺れ、ますます堕落する生活をつづけていくのですが、自分自身の行いに耐えきれなくなり、肖像画を破壊しようと試みます。

本文 ❶

The studio was filled with the rich odour of roses, and when the light summer wind stirred amidst the trees of the garden, ①there came through the open door ②the heavy scent of the lilac, or the more delicate perfume of the pink-flowering thorn.

意味

アトリエは薔薇の芳醇な香りにあふれ、夏の穏やかな風が庭の木々の間をそよぐと、開け放たれた扉から、ライラックの濃厚な香りや桃色の花を咲かせるとげの花（サンザシ）のほのかな香りが入ってくる。

be filled with A

A でいっぱいである、A〔感情など〕がこみ上げる

他動詞 fill は「〜を一杯に占める、充満する、〜にあふれる」という意味で用いられる。ここでは、薔薇の香りが充満するという意味で用いられている。この美しい描写がオスカー・ワイルドの特徴でもある。

- Her eyes were filled with tears.
  （彼女の目は涙で一杯であった。）
- The room was filled with smoke.
  （その部屋は煙が充満していた。）

odour /óʊdər/

名 （独特の強い）におい、臭気 《米》odor

一般に「嫌な臭気」の意味で用いられるが「特徴的なにおい」を指すことがある。ここでは、アトリエにバラの濃厚で芳醇な香りが充満している様子で、「ほんのり香ってくる」ものとは異なっていることに注意したい。

さらに コーヒーなどが心地よい香りだと判断した場合は aroma という語を使い、一般に花のよい香りは scent を使う。smell は「におい」を表す最も意味の広い単語で、これらをあわせて覚えておきたい。

light /láɪt/

形 〔雨や風、力、音、罪などが〕軽い、弱い、穏やかな、〔仕事などが〕楽な、簡単な、〔食べ物などが〕軽い

stir /stə́ːr/ 〈発音注意〉

動 かすかに動く、揺れる、かき混ぜられる、そよぐ

the light summer wind stirred amidst the trees は風が木々の間を通り抜ける描写だが、stir が使われることで、そよぎながら、そして木々の葉を揺らしながら風が通り抜ける美しい自然を描写している。

» stir A up [up A]　A（論争など）を引き起こす ＝ cause／create
» stir A into B　A（材料）を B（液体）に入れてかき混ぜる
» stir A with B　B（スプーン、棒など）を使って A を混ぜる

さらに steer /stíər/「操縦する」と混同しない。

他動詞で stir the trees とすると「（風など）が木を揺らす」という意味になる。

▶名詞の意味は cf. P. 131

amidst /əmídst/

前 中に、間に　amid の文語 ≒ among

さらに amid は時事英語でも頻繁に用いられ「～の間で」という期間を表すことが多い。

» amid the pandemic　パンデミックの最中に
» amid growing competition from …　～からの競争が激しくなる中

scent /sént/

名 〔花のよい〕香り、におい

heavy scent で「濃厚な香り」。

sweet（甘い）、artificial（人工的な）、strong（強い）などと共に用いられる。

delicate /délɪkət/

形 優美な、繊細な、壊れやすい、〔色、香りなどが〕ほのかな

thorn /θɔ́ːrn/

名 茨、とげ

pink-flowering thorn は「ピンクの花を咲かせるトゲのある植物」のことを表すが、ここでは「サンザシ」のことだと考えられる。

■ There is no rose without a thorn.
　（《ことわざ》ばらにとげあり。（楽あれば苦あり。））

日本語の「とげ」同様、thorn も「心に刺さるもの」の比喩として使われる。

» a thorn tree　とげのある木
» thorny bush　いばらの茂み
» with a thorn in *one*'s heart　心にとげが刺さって　▶cf. P. 152

文法のポイント

① **there came** through the open door ② the heavy scent of the lilac, or the more delicate perfume of the pink-flowering thorn.

① 一般動詞を用いた there 構文

there 構文は〈there comes X〉で「Xがやってくる」のように、be 動詞以外にも一般動詞を伴うことがある。例えば、there comes a point when [where] ...（～という時期［場面］がやってくる）や there comes a time when ...（～の時がくる）のように使われる。また、there exists ...（～が存在している）や there lies ...（～がある）といった形もある。このような一般動詞型の there 構文では「存在・出現」を表す動詞が使われることが多い。

② come の主語はどこに？

there come X through the open door の X に相当する語句は the heavy scent of the lilac, or the more delicate perfume of the pink-flowering thorn だが、情報量が多いため文末に後置されている。また、後置されることで、「風にのって開いたドアから中に漂ってくるのは、濃厚なライラックの香りで、ほのかなサンザシの香り」というように、外の香りが室内へと流れ込み、その香りを室内にいる人物が知覚するような流れも見事に表現されている。この次に続く内容は、おそらく室内の人物の描写であろうと予測できる。

本文 ❷

　From the corner of the divan of Persian saddle-bags ①on which he was lying, smoking, ②as was his custom, ③innumerable cigarettes, Lord Henry Wotton could just catch the gleam of the honey-sweet and honey-coloured blossoms of a laburnum, whose tremulous branches seemed hardly able to bear the burden of a beauty so flamelike as theirs; ④and now and then the fantastic shadows of birds in flight flitted across the long tussore-silk curtains that were stretched in front of the huge window, producing a kind of momentary Japanese effect, and making him think of those pallid, jade-faced painters of Tokio who, through the medium of an art that is necessarily immobile, seek to convey the sense of swiftness and motion.

意 味

いつものように数え切れないほどの煙草を吸いながら、横になっているペルシャ製のサドルバッグの長椅子の片隅から、ヘンリー・ウォットン卿は蜜のように甘く、蜜のような色をしたキングサリ（金鎖）の花のかすかなきらめきをちらりと見ることができた。その震えている枝は自らの炎のような美の重荷に耐えきれないようであった。そして、時折、軽やかに飛んでいる鳥たちの幻想的な影が大きな窓の前面に広がっているタッサーシルク（インド産の黄褐色の絹）のカーテンに素早く飛び交い、そのことが、ある種の刹那的な日本の効果を生み出し、そして、そのせいで、彼の脳裏に、絶対に動くことのない芸術という媒体を通じて素早さと動きの感覚を伝えようと懸命になっている青ざめた翡翠のような顔をした東京の画家たちのことを浮かび上がらせたのである。

単語 **語法**

divan　/dɪvǽn, dáɪvæn/

名　ディバン、〔窓際や壁際に置く背もたれ・肘掛けのない〕長椅子

the divan of Persian saddle-bags で「ペルシャ製のサドルバッグの長椅子」という意味。サドルバッグとはかつてラクダやロバの背中にかけて、その両端を袋にして荷物を入れたものである。このサドルバッグの長椅子は、特徴的な柄を持っており、作品の中で東洋主義的な雰囲気を醸し出す役割を果たしている。

as is *one*'s custom

いつものように

■ The Governor, as is his custom, declined to be interviewed.
（知事はいつものように取材を拒否した。）

innumerable /ɪnjúːmərəbl/

形 数え切れない、無数の

さらに▶ 関連する語に number（数）、enumerate（数える）、numerable（数えられる）、numerical（数字上の）、numerous（たくさんの）などがあるが、ラテン語の numerus（数、番号、数量）に由来する。

Lord /lɔːrd/

名 卿、〈lord（小文字）で〉貴族、領主、〔業界の〕大物、実力者

gleam /gliːm/

名 かすかなきらめき

» a [the] gleam of ...　～のかすかなきらめき

» a gleam of ...　〔感情などの〕かすかな表れ

blossom /blá(ː)səm | blɔ́s-/

名 〔果樹などの〕花

さらに▶ 一般に「花」は flower であるが、bloom で「（バラや菊といった）観賞用の花」という語もある。

laburnum /ləbə́ːrnəm/

名 キングサリ、キバナフジ

復活祭の装飾に用いられることがある。

tremulous /trémjʊləs/

形 震える、恐れおののく、臆病な

bear /beər/

動 耐える、我慢する

cannot や hardly といった否定を表す表現を伴うことが多く「耐えられない」という意味を表す。また、「心理的な重荷や、不快なことに耐える」という意味で用いられることがある。

さらに▶ bear の活用に注意：過去形 bore /bɔːr/, 過去分詞 borne /bɔːrn/, born /bɔːrn/ なお、「長期間にわたり苦しみに耐える」という場合は endure を使う。endure は duration（継続）、during（～の間）と語源を共にすることからも「一定期間」という意味が内包されている。

116

burden /bə́:rdən/

名 〔精神的〕負担、重荷

» ease the burden　負担を軽くする
» reduce the burden　負担を減らす
» bear the burden　重荷に耐える

flamelike /fléɪmlaɪk/

形 炎のような

flame（炎、輝く光）を表す名詞に「～のような」という意味を付加する形容詞の接尾辞 like をつけたもの。

さらに 接尾辞 like をつけた語として、childlike（子どもっぽい）、businesslike（事務的な）、humanlike（人間のような）、Christlike（キリストのような）などがある。基本的には、-like と結びつく名詞の形状や性質を表す形容詞になる。

now and then

時折、時々

every now and then [again] という表現もある。

fantastic /fæntǽstɪk/

形 素晴らしい、空想的な、幻想的な、夢物語のような

in flight

飛んでいる、飛行中の

birds in flight で「飛んでいる鳥たち」。in flight が birds を修飾している。

さらに in-flight で「飛行機内の」という意味の形容詞になる。

» in-flight meal　機内食

flit /flít/

動 〔鳥などが〕軽やかに飛ぶ、〔思い出などが〕去来する

■ Memories flitted through my mind.
　（いろいろな思い出が自分の脳裏をかすめた。）
» flit around A　A の周りを飛び回る

tussore-silk /tʌ́sər sɪlk/

名 柞蚕糸、タッサーシルク（インド産の黄褐色の絹）

stretch /stretʃ/

動 ～を広げる、～を引き延ばす、～に及ぶ

» be stretched (from A) into B　(A から) B に至るまで広がっている

さらに▶ 主語に the filed（畑）や the road（道路）などがきて〔地理的な広がり〕を表す。

momentary /móumantèri | -tari/

形 一瞬の、つかの間の、刹那的な

» a momentary distraction　一瞬の不注意

» momentary popularity　つかの間の人気

さらに▶ 短い期間を表す語として temporary（一時的な）、fleeting（はかない）、transitory（一時的な、つかの間の）がある。

pallid /pǽlɪd/

形 青白い、青ざめた

jade /dʒeɪd/

名 翡翠

jade-faced

形 翡翠のような顔の

jade-faced は文字通り「翡翠のような顔の」だが、「疲れてやつれた表情」を意味する。

medium /míːdiəm/

名 手段、媒体

» through the medium of A　A（という媒体）を通じて

» a medium of communication　意思伝達の手段

さらに▶ 複数形は media /míːdiə/。

immobile /ɪmóubəl | -baɪl/

形 動かない、制止した、じっとしている

» stay immobile　じっとしたまま動かない

convey /kənvéɪ/

動 〔思考、感情、情報など〕を伝える、～を運ぶ

さらに▶ 「伝える」の意味では目的語に meaning（意味）、emotion(s)（感情）、message(s)（メッセージ）がくることが多い。

swiftness /swíftnəs/

名 素早さ、迅速さ

さらに with swiftness　素早く = swiftly は副詞的用法。with ease = easily などと同じ。

> **!** 文法のポイント
>
> From the corner of **the divan of Persian saddle-bags**
>
> [① on which he was lying, **smoking**, ② **as was his custom**,
> ③ innumerable cigarettes,]
>
> 〈主節〉Lord Henry Wotton could just catch the gleam of

① 前置詞＋関係代名詞と lie *doing*（～して横になる）

the divan ... [on which he was lying ...] は「彼が横になっている～な長椅子」のように、on which ... 以下が the divan を修飾している。また、lying, smoking では、「タバコを吸って横になっている」を表す。これは lying の後に続く現在分詞の smoking が「何をしながら横になっているか」を表すからである。

② as was his custom が指すもの

as was his custom（いつものように）が指すのは smoking ... innumerable cigarettes である。この as は関係代名詞のようなはたらきをしていると考えられる。as it was his custom（それは彼の習慣だったように）のように、it を補って考えてもよいだろう。

③ smoking の目的語は？

smoking は「タバコを吸う」という意味だが、as was his custom を挿入句だと捉えると、その後ろに innumerable cigarettes が目的語として続いていることがわかる。「いつものように数えきれないほどのタバコを吸いながら」という意味になる。

④ ... and now and then the fantastic shadows of birds in flight flitted across the long tussore-silk curtains that were stretched in front of the huge window,
producing a kind of momentary Japanese effect,
and
making him think of those pallid, jade-faced painters of Tokio who ...

④ 直前の内容を意味上の主語にする分詞構文

　The fantastic shadows ... flitted across ... の後に続く producing ... は、主節の内容である「空を飛ぶ鳥の幻想的な影が〜中を素早く移動した」を意味上の主語にした分詞構文。直前の内容を「そのこと」と置き換えて考えるとよい。

　producing 以下は、主節の内容を受けるので「そのことによってある種の日本的効果が生まれ」のように「そのことによって」を補うとわかりやすい。その後に続く making ... は、直前の分詞構文である producing ... の内容を受けている。「そしてそのせいで、彼は〜を思い浮かべることになった」と捉えよう。

　これらは、and which produces ..., and which makes のように関係代名詞を補ってみるとわかりやすくなるだろう。

本文 ❸

The sullen murmur of the bees ①shouldering their way through the long unmown grass, or ②circling with monotonous insistence round the dusty gilt horns of the straggling woodbine, seemed to make the stillness more oppressive. The dim roar of London was like the bourdon note of a distant organ.

刈り取られないままの長く伸びた草の間をかきわけて飛んだり、だらしなく伸びたスイカズラの鈍い金色の尖った部分の周りを単調に、執拗に周回して飛んでいる蜂の低く鈍い羽音が周囲の静寂をより一層重苦しくしているように思われる。ロンドンのかすかに聞こえる喧騒は遠くのオルガンの低音の調べのようであった。

sullen /sʌ́lən/
形 〔怒って〕不機嫌な、押し黙った、〔音などが〕低く鈍い

murmur /mə́ːrmər/
名 〔連続した低い〕音、ざわめき
「(川の)ざわめき、せせらぎ、つぶやき、ささやき」などの意味がある。

shoulder *one*'s way
~を押し分けて進む〔肩で押し分けて進んだり、ぐいぐい割り込んで進んだりする様子〕
さらに 〈make *one*'s way＋方向を表す副詞句〉が基本の形。
make の代わりに push、shoulder、elbow が動詞として使われることがある。
» work *one*'s way through A　はたらいて A（学校など）を出る、〔労力をかけて〕A を成し遂げる

unmown /ʌ̀nmóun/
形 刈られていない
否定を表す接頭辞の un が mow（～を刈る）の過去分詞形 mown にくっついてできた語。

monotonous /məná(ː)tənəs ｜ -nɔ́t-/
形 単調な、変化のない、退屈な

insistence /ɪnsístəns/
名 執拗さ、強引さ、強い要求、主張
» with monotonous insistence　単調で執拗に
〈with ＋抽象名詞〉＝ 副詞のパターン

gilt /gɪlt/
形 金メッキした、金箔をかぶせた、金色の
gild（金をかぶせる、金色に塗る）の過去分詞形。
さらに gilded も使われる。オスカー・ワイルドは「幸福な王子」"The Happy Prince"の冒頭で次のような描写を行っている。
■ He was gilded all over with thin leaves of fine gold …
（彼（王子の像）は純金で全身が覆われていた…）

horn /hɔ:rn/

名 突起物、突起部分、角、クラクション、ホルン

straggle /strǽgl/

動 それる、はぐれる、〔草が〕はびこる、だらしなく広がる

さらに▶ straggling で「〔木の枝などが〕だらしなく伸びた、まとまりのない」。

woodbine /wúdbaɪn/

名 スイカズラ (つる性植物)

花言葉は「愛情移りやすし」「愛のきずな」とあり、この先の物語の展開を暗示するかのようである。

oppressive /əprésɪv/

形 息苦しい、重苦しい、圧迫的 (圧制的) な、蒸し暑い

» oppressive laws　圧制的な法律
» oppressive nature　圧倒的な自然

dim /dɪm/

形 うすぐらい、ぼんやりした、かすかな、楽観できない

» dim light　薄暗い明かり
» take a dim view of A　A に賛成しない、A を否定的に見る

roar /rɔ:r/

名 〔野獣の〕咆哮、轟音、どよめき

bourdon /búərdn/

名 低音

note /noʊt/

名 音、調べ、覚え書き

> **文法のポイント**
>
> (S) The sullen murmur of the bees
> ① **shouldering their way through the long unmown grass,**
> or
> ② **circling 〈with monotonous insistence〉 round the dusty gilt horns of the straggling woodbine,**
> (V) seemed to make
>
> ### ① 主語と動詞の間に入り込む〈shouldering ... or circling ... 〉
>
> (S) The sullen murmur of the bees と (V) seemed to make ... という主語＋動詞の間に shouldering ... or circling ... という2つの分詞が入り込んでいる点に注意。これらの分詞はどちらも the bees を後ろから修飾している。このように s+v と、それを修飾する要素をしっかりと見極めることで文の骨組みが見えてくる。
>
> ### ② circle は何と結びつくか
>
> circle with ... ＝「～と一緒に回っている」と捉えないように注意。with monotonous insistence は「単調かつ執拗に」という副詞のはたらきをするまとまりを作る。それがわかれば circle around ... で「～の周りを回る」というまとまりを作っていることに気づくだろう。

本文 ❹

In the centre of the room, clamped to an upright easel, ①stood the full-length portrait of a young man of extraordinary personal beauty, and in front of it, some little distance away, ②was sitting the artist himself, Basil Hallward, whose sudden disappearance some years ago caused, at the time, such public excitement and gave rise to so many strange conjectures.

意　味

部屋の中央に、直立したイーゼルに固定され、あったのは並外れた美しい容貌の若き男の全身の肖像画であった。そしてその前には、やや距離を置き、座っていたのが画家そのひとであるバジル・ホールウォードであった。彼が数年前に突然失踪したことは、当時、世間を騒がせ、多くの奇妙な憶測を呼んだのであった。

単語　語法

clamp　/klǽmp/

動　～を〔締め金で〕固定する、押し当てる

さらに　名詞の場合、「留め金」の意味となる。

upright　/ʌ́pràɪt/

形　垂直の、直立した

» sit upright　かしこまって座る = sit up straight
» in an upright position　まっすぐに

さらに　比喩的に an upright person で「清廉潔白な人」「真っ正直な人」の意味にもなる。奥行きのない壁につけて置けるピアノを upright piano という。

full-length　/fùl léŋkθ, -lenθ/

形　〔鏡・肖像画などが〕等身大の、全身を映す（描いた）、完全版の、〔服・カーテンなどが〕床まで届く

» a full-length film　原作通りの映画
» a full-length mirror　等身大の鏡

portrait　/pɔ́:rtrət/

名　肖像画、人物写真

personal　/pɔ́:rsənəl/

形　容貌の、身なりの、個人の、個人的な、体の、外見の

personal のもつ「外見の」という意味から、*one*'s personal appearance で「容姿」を表すことがある。personal beauty は容姿・容貌の美しさ。

124

さらに 反対語は common（一般の）で、private に対しては public（公的な）がある。
「個人の」を表す語には private（一個人の）、individual（個々それぞれの）がある。

disappearance /dìsəpíərəns/

名 失踪、紛失

appearance（出現）に否定の意味を持つ接頭辞 dis がついた語。

» sudden disappearance　突然姿を消すこと

» total [complete] disappearance　完全に姿を消すこと

ある人物が失踪していなくなったことを one's disappearance を用いて表す。

public /pʌ́blɪk/

形 公共の、一般の、公衆の、世間の

» public reaction　世間の反応

» public health　公衆衛生

» public transportation　公共交通機関

» public opinion　世論

excitement /ɪksáɪtmənt/

名 興奮、刺激

» public excitement　世間が騒がしくなること

give rise to A

A を引き起こす

conjecture /kəndʒéktʃər/

名 推測、憶測

わずかな証拠や可能性を基に推測をすること。

さらに 推測を意味する類語として guess の他に fancy（空想、夢想、根拠のない思いつき）、speculation（憶測）、assumption（証拠のない推測、仮定）、inference（推論）などがある。

▶動詞の意味は cf. P. 146

125

! 文法のポイント

In the centre of the room, clamped to an upright easel,
① **stood** the full-length portrait of a young man of extraordinary personal beauty,
and
in front of it, some little distance away,
② **was sitting** the artist himself, Basil Hallward, ...

① 〈場所を表す句 + stand + 主語〉

文頭の In the centre of the room は〈場面設定〉のはたらきをしており、「部屋の真ん中に」という意味。それに続く clamped to an upright easel は分詞構文で「直立のイーゼルに固定され」という意味。この意味上の主語は stood の後に続く the full-length portrait ...（等身大の肖像画）である。ここでは場所を表す語句の In the centre of ... が文頭に出ていることで、それに続く stood the full-length portrait は〈動詞＋主語〉という倒置された語順になっている。このような形は、特に主語の情報量が多い場合にみられる。

② 〈場所を表す語句 + sit + 主語〉

直前と同じように、in front of it（その前に）が場面設定のはたらきをしている。そして、was sitting the artist ... は〈動詞＋主語〉の語順になっている。「その真ん前、少し離れた所に座っていたのは～であった」のように主語の「画家」に注目させるための手法である。

The Picture of Dorian Gray

Oscar Wilde

The studio was filled with the rich odour of roses, and when the light summer wind stirred amidst the trees of the garden, there came through the open door the heavy scent of the lilac, or the more delicate perfume of the pink-flowering thorn.

From the corner of the divan of Persian saddle-bags on which he was lying, smoking, as was his custom, innumerable cigarettes, Lord Henry Wotton could just catch the gleam of the honey-sweet and honey-coloured blossoms of a laburnum, whose tremulous branches seemed hardly able to bear the burden of a beauty so flamelike as theirs; and now and then the fantastic shadows of birds in flight flitted across the long tussore-silk curtains that were stretched in front of the huge window, producing a kind of momentary Japanese effect, and making him think of those pallid, jade-faced painters of Tokio who, through the medium of an art that is necessarily immobile, seek to convey the sense of swiftness and motion. The sullen murmur of the bees shouldering their way through the long unmown grass, or circling with monotonous insistence round the dusty gilt horns of the straggling woodbine, seemed to make the stillness more oppressive. The dim roar of London was like the bourdon note of a distant organ.

In the centre of the room, clamped to an upright easel, stood the full-length portrait of a young man of extraordinary personal beauty, and in front of it, some little distance away, was sitting the artist himself, Basil Hallward, whose sudden disappearance some years ago caused, at the time, such public excitement and gave rise to so many strange conjectures.

単語・表現

be filled with A	Aでいっぱいである
odour	におい
light	〔風、雨、力、音、罪などが〕穏やかな
stir	そよぐ
amidst	間に
scent	〔花のよい〕香り
delicate	〔色、香りなどが〕ほのかな
thorn	とげ
divan	長椅子
as is one's custom	いつものように
innumerable	数え切れない
Lord	卿
gleam	かすかなきらめき
blossom	花
laburnum	キングサリ
tremulous	震える
bear	耐える
burden	重荷
flamelike	炎のような
now and then	時折
fantastic	幻想的な
in flight	飛んでいる
flit	〔鳥などが〕軽やかに飛ぶ
tussore-silk	タッサーシルク
stretch	～を広げる
momentary	刹那的な
pallid	青ざめた
jade	翡翠
jade-faced	翡翠のような顔の

medium	媒体
immobile	動かない
convey	〔思考、感情、情報など〕を伝える
swiftness	素早さ
sullen	〔音などが〕低く鈍い
murmur	〔連続した低い〕音
shoulder one's way	～を押し分けて進む
unmown	刈られていない
monotonous	単調な
insistence	執拗さ
gilt	金色の
horn	突起部分
straggle	だらしなく広がる
woodbine	スイカズラ
oppressive	重苦しい
dim	かすかな
roar	どよめき
bourdon	低音
note	調べ
clamp	～を〔締め金で〕固定する
upright	直立した
full-length	全身を映す（描いた）
portrait	肖像画
personal	容貌の
disappearance	失踪
public	世間の
excitement	興奮
give rise to A	Aを引き起こす
conjecture	憶測

Chapter 8

Wuthering Heights

『嵐が丘』

作者　エミリー・ブロンテ　Emily Brontë
出版年：1847年

　　エミリー・ブロンテの『嵐が丘』は、イギリスのヨークシャーの荒野を舞台にした愛と復讐の物語です。物語は、ロックウッドが「嵐が丘」と呼ばれている屋敷を訪れたところから始まります。その屋敷には、ヒースクリフという主人とキャシー、ヘアトンが住んでいました。そして、彼は家政婦のネリーからこの家の人々についての話を聞くことになります。孤児であったヒースクリフがこの嵐が丘の主人に育てられるも、主人がこの世を去り、その主人の息子であるヒンドリーが屋敷を継いでからは、酷い扱いを受けることになります。しかし、ヒンドリーの妹キャサリンとヒースクリフとの間に恋が芽生えます。ところが、キャサリンは裕福な生活を望み、エドガー・リントンと結婚してしまいます。全てを失ったヒースクリフは激怒し、彼らへの復讐を心に誓い、失踪します。数年後に、彼は財産を築きこの地に戻り、二人を追い詰めていきます。

────────── **Wuthering Heights**　ワザリング・ハイツ　「嵐が丘」──────────
wuther [wʌðər] はスコットランド地方や北イングランドの方言に由来し、風が激しく吹く、吹きすさぶ、土地がうなりを上げた風の吹きすさぶところ、という意味を持つ。この『嵐が丘』の舞台がイングランド北部のヨークシャー地域であるため、wuther という語が使われていたのだろう。

本文 ❶

　1801—I have just returned from a visit to ①my landlord—the solitary neighbour that I shall be troubled with. ②This is certainly a beautiful country! In all England, I do not believe that I could have fixed on a situation so completely removed from the stir of society. A perfect misanthropist's Heaven—and ③Mr. Heathcliff and I are such a suitable pair to divide the desolation between us. A capital fellow! He little imagined how my heart warmed towards him when I beheld his black eyes withdraw so suspiciously under their brows, as I rode up, and ④when his fingers sheltered themselves, with a jealous resolution, still further in his waistcoat, as I announced my name.

意味

　1801年、私は家主を訪ねてちょうど戻ってきたところだ。これから私が厄介なことに巻き込まれることになりそうな孤独な隣人である。それにしてもここは、確かに見事なところだ！ 英国中で、これほど社会の喧騒から完全に隔離された場所に身を置くことができるなんて、信じられない。人間嫌いには完璧な天国である。そして、ヒースクリフと私はこの荒涼とした世界を二人で分かち合う似合いの組み合わせである。最高の仲間だ。私が馬で乗りつけたとき、かなり疑わしげに黒い瞳が眉の下に隠れるのを見たとき、そして、私が名前を名乗り、彼の指が用心しようという決意のもとにベストのさらに奥へと隠れたのを見たとき、私の心がどれほど彼に親しみを覚えたか、彼は想像もしなかっただろう。

単語　語法

landlord　/lǽndlɔ̀ːrd/

名 大家、家主

〈land（土地）＋ lord（主人）〉からできた語。
かつては男性を指していたが、今は男女共に用いる。　▶ cf. tenant P. 136

solitary /sá(:)lətèri | sɔ́lətəri/

形 一人（ひとつ）だけの、〔人・生活などが〕孤独な、寂しい、〔人などが〕孤独を愛する

■ He lived a solitary life in the mountains.
（彼は山中での孤独な生活を送った。）

さらに▶〔類語と相違点〕

» alone　たった一人で、単独で
自分以外には人がいないことを表す。「孤独感」や「寂しさ」を含まない。名詞の前に置いて使うことはないと考えてよい。live alone で「一人暮らしをする」。

» lonely　寂しい、孤独な
自分以外に人がおらず、ひとりで孤独・寂しさを感じていることを表す。feel lonely で「孤独を感じる」。

» solitary　仲間がいない
一人であることを強調する。lonely と同じく、「寂しさ」を含む。通例名詞の前につけて使う。

A be troubled with B

A が B のことで迷惑をこうむる（A が悩ませる）

trouble A with B（A に B のことで面倒をかける、迷惑をかける）の受動態。

fix on A

A〔人、モノ、日程など〕を選ぶ、決める

ここでは fix on a situation ... で「〜な状況を選ぶ」から転じて、「〜な状況に身を置く」という意味になる。

» get a fix on A　A の位置を突きとめる、A を理解する

stir /stəːr/

名 騒動、喧騒

» the stir of society　社会の喧騒

quite（とても）を伴うことがあるが、それがなくても「大騒ぎ」という意味になる。

» cause [create/make] (quite) a stir　大騒ぎを引き起こす

▶動詞の意味は cf. P. 113

misanthropist /mɪsǽnθrəpɪst/

名 人間嫌い

さらに▶ misanthrope で「人間嫌いの人」。

anthrope は人を表すギリシャ語に由来している。

» anthropology　人類学

» anthropocentrism　人間中心主義

divide A between us

我々で A を分かち合う、我々で A を手分けする

desolation　/dèsəléɪʃən/

名 寂しさ、侘しさ、悲しみ、荒廃、〔町や村の〕無人化、荒涼とした場所

» in the midst of the desolation　悲しみの最中に

a capital fellow

素晴らしい人（仲間）

warm　/wɔːrm/

動 温められる、好きになる

発音注意 worm /wəːrm/「虫」と混同しない。

» warm toward(s) [to] A　A のことが好きになる、A に親しみを覚える、A に熱中する

■ Coco warmed to him quickly.

（ココは彼のことがすぐに好きになった。）

さらに 形容詞として「温かい、思いやりのある」。

» a warm welcome　温かい歓迎

» a warm climate　温暖な気候

behold　/bɪhóʊld/

動 ～を見る、眺める

不思議なものを凝視するようなイメージがある。主に書き言葉で用いられる。

これは see や look at と同じ〈知覚動詞〉なので、〈知覚動詞＋O＋原形不定詞〉の形をとる。本文では次のような形になっている。

I 〈知覚動詞〉 beheld 〈O〉 his black eyes 〈原形不定詞〉 withdraw

さらに Lo and behold は主語の前に挿入的に置かれ、「驚くなかれ、なんとまあ」という意味になる。

■ Lo and behold, he won first prize in the lottery.

（驚くなかれ、彼は宝くじで 1 等を当てた。）

withdraw　/wɪðdrɔ́ː/

動 引っ込む、身を引く

ここでは、突然の来客に彼が目を細めた様子が描かれている。それを「黒目が引っ込む」と表している。表情の変わる一瞬を見逃さなかったのである。

さらに 他動詞として「〔預金〕を引き出す」、「〜を引っ込める」、「視線をそらす」。withdraw *one*'s eyes [glance] from a person's face（視線を〜の顔からそらす）という表現も覚えておきたい。

suspiciously /səspíʃəsli/

副 疑わしげに、胡散臭そうに

» act suspiciously　不審な行動をする、挙動不審である

さらに look [sound] suspiciously like ... で「どうも〜のように見える（そっくりだ）／聞こえる」という使い方があるが、これはおどけた感じの表現として受け取られることもある。

ride up

（〜まで）乗っていく、まくれ上がる

この物語では、馬に乗って移動をしていたため、「馬で乗りつけた」という意味。rideという動詞は古英語の ridan（馬などに乗ること、運ばれること）に由来する。

» ride up to A　A（場所）に乗りつける

» ride up in [on] A　A（乗り物）で乗りつける

さらに 名詞の ride は「馬の背中に乗って移動する旅」として使われるようになったが、今日では、a bike ride（サイクリング）、a train ride（鉄道の旅）、a plain ride（空の旅）、a magic carpet ride（魔法の絨毯に乗っての旅）といった使い方がある。

shelter /ʃéltər/

動 〔安全な場所を提供して〕保護する、〜を隠す、かくまう

この his fingers sheltered themselves, with a jealous resolution ... は、ヒースクリフの性格を見事に表している。初対面の二人が互いに名乗ったところで、握手をするのが一連の流れである。しかしながら、ヒースクリフは握手をするために手を出すどころか、用心深げに、握手なんてするものかという態度で、指をベストのポケットにグッと突っ込んでしまう。非友好的な態度は警戒心の強さの表れかもしれず、この物語を読む者は、ヒースクリフの謎めいた雰囲気に引き込まれていくのである。

jealous /dʒéləs/

形 嫉妬深い、用心深い、油断のない

» be jealous of ...　〜をねたむ

■ He was jealous of his colleague's promotion.
（彼は同僚の昇進をねたんだ。）

133

resolution /rèzəlúːʃən/

名 決意、強い意志、解像度、解決

» with a jealous resolution　油断も隙もない気持ちで

■ What is your New Year's resolution?
（新年の決意（抱負）は何ですか？）

文法のポイント

① my landlord—the solitary neighbour that ...

① ダッシュによる同格

　my landlord と the solidary neighbour が同格で用いられ、その家主に今後「私」が困らされると将来を予測するかのような書き出しになっている。

② This is certainly **a beautiful country**!

② 「ひどい」を内包する beautiful

　この文脈では a beautiful country を「美しい国」と文字通りに解釈することが難しい。この物語の舞台はイングランド北部の荒れ地であることを踏まえると、ここでの beautiful は、反語的に「ひどい」という意味を内包していると考えることができる。また、certainly は「たしかに〜だが」のように〈対立的な概念〉を思わせるはたらきがあり、〈皮肉〉を成り立たせるはたらきをしている。

③ Mr. Heathcliff and I are **such a suitable pair to divide** the desolation·between us.

③ such a 形容詞 + 名詞 to do

　〈such a 形容詞 + 名詞〉は「そんな〜な名詞」という意味だが、後に続く〈to 不定詞〉と合わせて、「to do するほど〜な名詞」と捉えよう。

④ when his fingers **sheltered themselves, with a jealous resolution, still further in his waistcoat,** ...

④ 挿入句に注意しながら「指を〈どこに〉隠したか」を読み取る

shelter *oneself* in A（人を A に避難させる（A に隠す））から、「指をベストに隠した」と読み取ろう。with a jealous resolution がカンマに挟まれた〈挿入句〉である点に注意。in が from に変わると、shelter *oneself* from A（A から身を守る（避難する））となる。

Harry sheltered himself from the cold wind.
（ハリーは冷たい風から自分を守った。）

本文 ❷

"Mr. Heathcliff?" I said.

A nod was the answer.

"Mr. Lockwood, your new tenant, sir. I do myself the honour of calling as soon as possible after my arrival, ①to express the hope that I have not inconvenienced you by my perseverance in soliciting the occupation of Thrushcross Grange: I heard yesterday you had had some thoughts—"

"Thrushcross Grange is my own, sir," he interrupted, wincing. "②I should not allow any one to inconvenience me, if I could hinder it—walk in!"

意味

「ヒースクリフさんですか？」と私は言った。

会釈が答えであった。

「ロックウッドさん、新しく借りることになった者です。到着後できるだけ早く、おたずねさせていただいた次第でございます。スラッシュクロス屋敷へ住むことを粘って懇願したことでご迷惑をおかけしておりませんでしたか。昨日、うかがったところによりますと、何か別のお考えもあったとのことですが…」

「スラッシュクロス屋敷は私の所有物だ」と彼は顔をしかめながら口を挟んだ。「誰にも迷惑をかけさせない、迷惑を防ぐことができるならな、入れ！ はいりたまえ！」

nod　/nɑ(ː)d | nɔd/

名 会釈、うなずき

さらに nod を名詞で使う場合は〈give 人 a nod / give a nod to 人〉のように give と相性がよい。

» give a nod of approval　うなずいて同意する

tenant　/ténənt/

名 借りる者、賃借人

日本語のカタカナで「テナント」というとビル、店舗を借りている人たちのことを言うが、英語の場合は、借り手、借主という意味で、何を借りているかに関する制約はない。

» a prospective tenant　入居予定者
» a previous tenant　前に借りて住んでいた人

I do myself the honour of *doing*

〔古風で丁寧な表現で〕(お)〜させていただく

I do myself the honour of *doing* to do ... のパターンで「to *do* するために、*doing* させていただいた次第でございます」という意味になる。

ここでは calling (訪ねる) とあるので、「私が当地にやってきてすぐに、〜を申し上げるために、お訪ねさせていただいた次第でございます」のようになる。とにかくへりくだりながら丁寧に挨拶をしていることがわかる。

» do A the honor of *doing*　A (人) の名誉のために *doing* する

inconvenience　/ìnkənvíːniəns/

動 不便をかける、迷惑をかける

» inconvenience A by ...　〜のことで A に迷惑をかける

本文の the hope that I have not inconvenienced you by my perseverance in soliciting the occupation of Thrushcross Grange は「私がしつこく屋敷を借りようとお願いしたことで、あなたに迷惑をかけていなければよいと思って」という意味。I hope (that) it won't inconvenience you to *do* (〜していただいてご迷惑でなければいいのですが) という定型表現もある。

■ I hope it won't inconvenience you to drive me to the airport.
　(空港まで車に乗せていただいてご迷惑でなければいいのですが。)

さらに inconvenience は名詞として「不便、不都合、迷惑」という意味で使われるこ

とが多いが、今回のように動詞として使われることがある点に注目しよう。なお、反対語の名詞 convenience（便利、利便性、役立つこと）は動詞としては使わないと考えてよい。

perseverance /pə̀ːrsəvíərəns | -sɪ-/

名 粘り強さ、忍耐、不屈の努力

» *one*'s perseverance in *doing*　〈人〉が粘り強く〜すること

» show perseverance in ...　〜することに粘り強さ（根気強さ）を見せる

さらに 動詞は persevere で「（辛抱して）〜をやりぬく」。

» persevere in *one*'s effort　たゆまず努力する

» the ability to persevere in the face of adversity　逆境にくじけずに努力する能力

solicit /səlísət | -ɪt/

動 〜を（に）請い求める、懇願する、募る

» solicit contribution [donation]　寄付を求める

他に funds（資金）、advice（助言）、information（情報）などを目的語にとる。

occupation /à(ː)kjupéɪʃən | ɔ̀k-/

名 職業、暇つぶし、占有、〈the occupation で〉〔土地・家などの〕居住

» the occupation of ...　〜の占有、居住

さらに the Roman occupation of Britain（ローマ帝国によるブリテン占領）のように、of の後ろに「国」がくる場合、「占領」という意味になる。

grange /greɪndʒ/

名 屋敷、農園

固有の地名や建物の場合、大文字 G とすることがある。

interrupt /ìnʈərʌ́pt/

動 〔人・話などの〕じゃまをする、〔途中で〕口を挟む

さらに 「口を挟む」の意味では cut in [into] / break into などもある。

wince /wɪns/

動 〔苦痛・恐怖などに〕しかめ面をする、顔をゆがめる、びくっとする、ひるむ

さらに 「眉をひそめる」「顔をしかめる」は frown /fraun/、make a face(s)。

hinder /híndər/

動 防ぐ、妨げる

目的語には the development（発展）、the progress（進歩）、the achievement（達成）などが現れることが多い。

» hinder A from *doing*　A が〜するのを妨げる

 文法のポイント

① to **express the hope that** ...

①〈express the 名詞 + that 同格節 ...〉というコロケーション

「〜という希望を伝えて」⇨「〜ということを希望して」
express は「表現する」という意味が一般的だが、「〈意見・考え〉を述べる／伝える」という意味でもよく使われる。今回は express the hope で「希望を伝える」という意味。the hope の後には、その内容を伝える that 節が同格節として続いている。the hope の位置には、「考え、不安、感情」を表す単語が同格節と共に現れることが多い。express the view [the fear/the idea/the emotions] that ...

② I should not allow any one to inconvenience me, **if I could hinder it**—walk in!

②「もしできるなら〜しない」のレトリック

ここは「自分の所有物であるスラッシュクロス屋敷において、誰にも迷惑をかけられることはない」と強調している箇所である。if I could hinder it は、「もしそれを防ぐことができるなら」という仮定法だが、これは主節の I should not allow any one to ...（誰にも〜させない）と相まって「もし、私に迷惑をかけたら出て行ってもらう」のようなニュアンスも感じられる。

本文 ❸

🔊 8-3

The "walk in" was uttered with closed teeth, and expressed the sentiment, "Go to the Deuce!" ①even the gate over which he leant manifested no sympathising movement to the words; and I think that circumstance determined me to accept the invitation: I felt interested in a man who seemed more exaggeratedly reserved than myself.

②When he saw my horse's breast fairly pushing the barrier, ③he did put out his hand to unchain it, and then sullenly preceded me up the causeway, ④calling, as we entered the court,—"Joseph, take Mr. Lockwood's horse; and bring up some wine."

⑤"Here we have the whole establishment of domestics, I suppose," was the reflection suggested by this compound order. "No wonder the grass grows up between the flags, and cattle are the only hedge-cutters."

意 味

　「入れ」という言葉が口を開かず発せられたので、「くたばれ！」とでも言いたげな気持ちが伝わってきた。彼がもたれかかっていた門でさえ、その言葉を察するような動きを見せなかった。そして、こんな出来事があったので、私は中に入れる決意をしたのだと思う。自分よりもさらに輪をかけて人間嫌いに見える彼に興味を覚えたのだ。

　私の馬の胸が門を実際に押しているのを見ると、彼は（ベストから）手を出して門の鎖を外し、そして、不機嫌そうに押し黙って石畳の道を私の前に立って進み、中庭までやってくると、大声で言った。「ジョウゼフ、ロックウッドさんの馬を連れて行け。それからワインを持ってきてくれ。」

　「おそらくここにいるのがこの家の全ての使用人だろう」と、彼が一度に二つの用事を申しつけたところでそう思った。「敷石の間から草が生えていたり、生け垣の刈り取りも主に牛たちにやらせているのも無理もない。」

utter /ʌ́tər/
動 〔言葉を〕発する
言葉が聞こえるように発すること。目的語には the words（言葉）や the phrase（セリフ）が続くことが多い。say よりも「声に出して言う」というニュアンスが強い。
さらに▶ 受動態では〔言葉〕be uttered で「〔言葉〕が発せられる」。
名詞は utterance で「〔言葉を〕発すること、発話」。
» the child's utterance　子供の発話

sentiment /séntəmənt | -tɪ-/
名 〈可算・不可算名詞で〉感情、情＝ emotion、気持ち
» express the sentiment　感情を表現する
さらに▶「感情」の意味では sentiment は堅いので、日常的には feeling(s) を使う。

deuce /djuːs/
名 悪魔、悪運
devil の婉曲語として、苛立ちを表す表現。
go to the deuce は go to hell を婉曲的に表現したもので「地獄に落ちろ」あるいは「くたばってしまえ」という意味。本文では the sentiment と並んで同格表現になっている。

manifest /mǽnɪfèst/
動 〔性質・感情など〕をはっきりと示す、明らかにする
» A manifest *oneself* in B　A（徴候など）がBとなって現れる

sympathise /símpəθàɪz/
動 同情する、察する、共鳴する　《米》sympathize
本文では sympathising movement（察するような動き）のように、movement を修飾するはたらきをしている。
» sympathise with A　Aに共感する、同情する

circumstance /sə́ːrkəmstæns/
名 〈通例複数形〉〔周囲の〕状況、要因、事情、〈単数形〉偶発的事情、出来事、事実

determine /dɪtə́ːrmɪn/

動 ～を特定する、明らかにする、突きとめる、決定する

» determine O to *do*　O に～することを決心させる

■ What determined you to become a writer?
（何があなたに作家になることを決心させたの？）

exaggeratedly /ɪgzǽdʒərèɪʈɪdli/

副 輪をかけて、大げさに、わざとらしく

» in an exaggeratedly positive way　大げさなほどに肯定的な方法で

fairly /féərli/

副 〈形容詞・副詞を修飾して〉けっこう、かなり、まあまあ、〈動詞・前置詞を修飾して〉実際に、まさに、まったく

» fairly recent　かなり最近の

» fairly common　かなり一般的な

barrier /bǽriər/

名 防壁、防護柵、門、障害

» a language barrier　言葉の壁

■ Age is not a barrier to start something new.
（年齢は何か新しいことをはじめる障害とはならない。）

put out *one*'s hand to *do*

手を伸ばして～する

put out は「手足などを前に出す」という意味がある。

unchain /ʌntʃéɪn/

動 ～の鎖を解く、～を自由にする、釈放する

■ This key was used to unchain the treasure box.
（この鍵は宝箱の鎖を外すのに使われた。）

sullenly /sʌ́lənli/

副 不機嫌に押し黙って、〔怒って〕むすっとして、〔天気などが〕どんよりとして

■ Randolph shook his head sullenly.
（ランドルフはむすっとして首を振った。）

precede /prɪsíːd/

動 ～より先に起こる［来る／行く］、～を始める

» precede 人 up/ down …　人の前に立って～を歩いて行く

■ Tom preceded me up the stairs into the hall.
（トムは私の先に立って階段を上がり、ホールに入った。）

causeway /kɔ́ːzwèɪ/

名 土手道、あぜ道、歩道

court /kɔːrt/

名 中庭 = courtyard、法廷、裁判所、法廷の人々、宮廷、王宮、〔テニスなどの〕コート
「中庭」の意味での court は、通例、城や屋敷にあるものをいう。

establishment /ɪstǽblɪʃmənt/

名 住居、家、世帯、設立、確立、結婚（身を固めること）

» the establishment of A　A の設立／制定／開設
▶cf. P. 87

domestic /dəméstɪk/

名 使用人、家政婦

さらに 似た言葉の servant は、通例「住み込みの使用人」を指す。
domestic は形容詞の場合、「国内の」「家庭の」という意味で使われる。

reflection /rɪflékʃən/

名 映像、反射、反映、熟考、意見、考え、感想

» reflections of skyscrapers　高層ビルの反射

» the reflection on a given subject　特定の話題に関する考え

さらに 動詞は reflect。reflect on A で「A についてよく考える・熟考する、A に影響を及ぼす」となる。

» reflect on the consequences　結果についてよく考える

compound /ká(ː)mpàʊnd | kɔ́m-/

形 複合的な

本文の compound order は「複合的な命令」。　ここでは「ふたつの命令」を指している。
さらに 名詞の場合「化合物、複合体、〔塀で囲まれた〕敷地、建物群」という意味となる。

no wonder ...
~なのは少しも不思議ではない

本文では It is no wonder that ...（~は少しも不思議ではない、~なのは当たり前だ）の it is と that が省略されている。

It's no wonder that ... は「それは不思議ではない」という意味がもとにあり、そこから「どうりで~だ」、「~はうなずける」、「~は納得できる」、「~は無理もない」となる。

flag /flǽg/

 敷石

さらに 同じ綴り・同じ発音の flag（旗）と混同しないように注意。

 文法のポイント

①even the gate over which he leant **manifested no sympathising movement** to the words

① モノの描写に込められた心情

「彼が寄りかかった門でさえ、その言葉を察するような動きを見せなかった」というのは、ヒースクリフの「入れ」という表面上の歓迎の言葉との対比である。ヒースクリフの「本当は入れたくない」という気持ちの表れである。つまり、「門でさえ言葉に反応しない」という描写から不機嫌さを表している。語り手のロックウッドはこの彼の態度に興味を持ち、とっても人間らしい人だと思い、屋敷内に入ろうと決心した。

② When he **saw my horse's breast fairly pushing** the barrier, ③ he did put out his hand to unchain it, and then sullenly preceded me up the causeway, ④ **calling**, as we entered the court,—"Joseph, take Mr. Lockwood's horse; and bring up some wine."

② see A doing（A が~しているのが見える）

saw my horse's breast fairly pushing ... は知覚動詞 see の後に (A) my horse's breast と (*doing*) pushing が続いているのがポイント。「私の馬の胸が~を押しているのが見えた」である。

③ 強調を表す do

put out の直前の did は「まさに〜した」のような〈動作の強調〉を表している。これは直前の when 節を受けて、「〜した時、まさに…したのだ」のような臨場感を伝える役割を果たしている。

④ 文末の分詞構文の calling、その目的語は…

この英文は When he saw … から始まり、he did put out … と続き、その後に分詞構文 calling … が続く。この分詞構文 calling … は、「〜してそして、呼んだ」のように〈連続〉を表す。続けざまに行う動作をスムーズに提示している。

もう一つ注意したいのが、calling の直後に , as we entered the court, が挿入されている点である。calling の目的語（叫んだ内容）はダッシュ〈 — 〉に続く "Joseph, … 以下である。

⑤ "**Here we have the whole establishment of domestics, I suppose,**" was the reflection suggested by this compound order.

⑤ 発話を手がかりに内容を読み取ろう

「ここにいるのは、家の全ての使用人たちだろう」は、たくさん使用人がいることを表しているのではない。「馬を連れていくこと」と「ワインを持ってくること」という2つの命令をジョウゼフ1人に対して行っていることから、この屋敷には1人しか使用人がいないということを語り手である「私」が推測していると読み取ることができる。これに続く「屋敷の庭は雑草が生え放題、生け垣も牛に食べさせて刈り取らせている」という描写も「人手が足らず、大きな屋敷も細部まで十分な手入れが行き届いていない」ことを表している。

本文 ❹

Joseph was an elderly, nay, an old man, very old, perhaps, though hale and sinewy. ①"The Lord help us!" he soliloquised in an undertone of peevish displeasure, while ②-a relieving me of my horse ②-b : looking, meantime, in my face so sourly that I charitably conjectured he must have need of divine aid to digest his dinner, and his pious ejaculation had no reference to my unexpected advent.

意 味

　ジョウゼフは、それなりの年の、いや、それどころか老人、それもかなり年を取った、見た感じのところでは、かくしゃくと、がっしりとしているのだが。「神様、お助けを」と彼は私の馬を引き取りながら、どこなくいらだって不満げに独り言を呟き、そして、その間、とても苦々しく私の顔を見ていたので、彼が食事を消化するのに神の助けが必要に違いないと、そして、信心深い言葉が不意に出たのは私の予期せぬ来訪とは何の関係もないものだろうと寛大な気持ちで解釈した。

nay　/neɪ/

〔接続詞的に〕**というよりむしろ、いや、それどころか** ≒ indeed, in fact, or rather
やや古く、文語的な表現。
文頭、カンマ、セミコロンの直後に置いて使われることが多い。
さらに ▶ nay（いいえ）の反対語には aye /aɪ/ や yea /jeɪ/ がある。

hale　/heɪl/

形 〔老人に対して〕**健康な、かくしゃくとした** ≒ sound
» hale and hearty　元気である、はつらつとしている

sinewy　/sínjuːi/

形 **がっしりした、筋肉質の**
さらに ▶ 類義語に muscular、robust（強靭な）、brawny（筋肉隆々の）、反意語に thin（やせた）、stringy（ほっそりとした）がある。

soliloquise　/səlíləkwàɪz/

動 **独り言を言う、独白する**
soliloquize とも綴る。
どのような様子で独り言を言ったのかについて表すときに in から始まる前置詞句が用いられることが多い。
» soliloquise in bitter regret　痛恨の思いで独り言を言う
さらに ▶ 名詞は soliloquy で「独り言、〔劇などでの〕独白、モノローグ」。

undertone /ʌ́ndərtòun/

名 低い声、小声
» an undertone of A　どことなく感じられる A
» in an undertone　小声で（in undertones もある）

peevish /píːvɪʃ/

形 いらだった、不機嫌な ≒ irritable
声の調子を表す場合が多い。
» peevish tone　いらだった調子
» peevish voice　不機嫌そうな声

displeasure /dɪspléʒər/

名 不快、不満 ≒ dissatisfaction ⇔ pleasure 喜び、快楽
peevish displeasure は小さなことに対しても敏感に反応し、不機嫌でいらだたしい
様子を表している。
» feel [show/express] displeasure　不快感を ｜感じる／示す／表す｜

meantime /míːntàɪm/

副 その間に、そうしている間に ≒ meanwhile
in the meantime でも同じ意味になる。

sourly /sáuərli/ ＜発音注意＞

副 納得いかない様子で、苦々しく
さらに▶ 形容詞は sour で「すっぱい、つんとする、〔人・表情・言葉などが〕気難しい、
不機嫌な」。

charitably /tʃǽrətəbli | -ɪtə-/

副 慈悲深く、寛大に

conjecture /kəndʒéktʃər/

動 〜と解釈する、〔不十分な証拠から〕推測する ≒ guess
that 節が後ろに続いて「that s＋v を推測して解釈する」という意味になる。本文で
はジョウゼフの態度がひどいものであったが、それをひどい奴だというように受け取
らずに、「善意に解釈しておくことにしよう」と言っている。
▶ 名詞の意味は cf. P. 125

divine /dɪváɪn/

形 神の、神による、神聖な

» divine aid　神の助け、神の加護

» divine judgments　神の裁き

さらに 動詞の場合には「～を言い当てる、～を見抜く」という意味になる。

■ Tom divined a solution to this problem.
（トムはこの問題の解決策がわかった。）

digest /dáɪdʒést, dɪ-/

動 ～を消化する、〔文学作品など〕を要約する

» digest the data　データをまとめる

さらに 名詞の場合にはアクセントが /dáɪdʒest/ となり、「ダイジェスト、要約、摘要」という意味になる。

» a digest of the newspaper headlines　新聞見出しのダイジェスト

dinner /dínər/

名 正餐、ディナー、食事

さらに 日本語では「ディナー」であれば「夕食」というイメージが定着しているが、英語の dinner は「1 日の中で主要な食事」のことを指す。昼食を dinner と呼ぶ場合は、夜が軽食となるため supper もしくはイギリス英語では tea とも言う。反対に夕食が dinner であれば、昼食は lunch と呼ぶ。

» at dinner　食事中で

» over dinner　夕食を食べながら

pious /páɪəs/

形 信心深い、敬虔な

pious の後には man, parents, aunt など「人」が続くことが多い。

» a pious man　信心深い人

さらに 同意語に devout があるが、こちらは「宗派」などが後に続く。

» a devout Catholic　信心深いカトリック教徒

» a devout Muslim　敬虔なイスラム教徒

ejaculation /ɪdʒǽkjuléɪʃən/

名 不意に言葉が出てくること、〔数語の〕射祷、突然の叫び

ここでは、The Lord help us! のことを指している。神という言葉を使ったことについて、「信心深い射祷」と皮肉として言っていると解釈することもできる。

advent /ǽdvènt/

名 〔重要な人物の〕到来、出現、来訪

» the advent of A　Aの到来

！ 文法のポイント

① "The Lord help us!"

① 自分の状況を嘆く表現

The Lord の代わりに God を使って、God help us と言うこともある。直訳すると「神よ、お助けください」となるが、この表現は、一種の修辞的な表現で、背後に「誰も助けてくれない」「どうしようもない」という気持ちがはたらいている。つまり、この表現は、自身が置かれた状況に対して否定的な感情を抱いていることを表す。そのまま日本語に置き換えることが難しい表現のひとつなので、「なんだ、こん畜生」のような感じだと理解しておこう。今回は、この後に続く内容を踏まえ「神様、助けてください」という文字通りの訳にしておく。

また、The Lord に続く help は動詞の原形が使われているが、これは仮定法現在の形で〈願望・祈願〉を表す。

英国の国歌である "God Save the King"（「神よ国王を守り給え」）の save と同じ。

… while ②-a **relieving me of my horse** ②-b : **looking, meantime, in my face so sourly that** I charitably conjectured he must have …

②-a 分離の of

〈relieve A of B〉で「Bから A を離す（取り除く、解放する）」という意味。relieving me of my horse は直訳では「私から馬を引き離した」となるが、ロックウッドの馬を預かってくれたことを表している。

〈分離の of〉を取る動詞には次のようなものがある。

deprive A of B（A から B を奪う）、strip A of B（A から B を剥奪する）、clear A of B（A から B を除去する）

②-b コロンの後の分詞構文

… : looking, meantime, in my face … について、コロン〈：〉はピリオド〈．〉と異なり、完全に文を止めるわけではない。したがって、直前の流れを引き継ぐ性質がある。今回は、while relieving … に続く looking だと判断しよう。この looking

は文末にくる分詞構文と考える。そして、本来 looking の後には in my face が続き「私の顔を覗き込む」となるところだが、今回は meantime（その間に）が挿入されている。この meantime は直前の while relieving me of my horse（私から馬を預かる間）を受けたものである。また so sourly that I charitably conjectured ... では so ... that s+v（非常に〜なので s+v する）という構文が使われている。

本文 ❺

　Wuthering Heights is the name of Mr. Heathcliff's dwelling. "Wuthering" being a significant provincial adjective, descriptive of the atmospheric tumult to which its station is exposed in stormy weather. ①Pure, bracing ventilation they must have up there at all times, indeed: one may guess the power of the north wind, blowing over the edge, by the excessive slant of a few stunted firs at the end of the house; and by a range of gaunt thorns all stretching their limbs one way, as if craving alms of the sun. Happily, the architect had foresight to build it strong: ②the narrow windows are deeply set in the wall, and the corners defended with large jutting stones.

意味

　「嵐が丘」は、ヒースクリフ氏の住居の名前である。「嵐の（ワザリング）」とはこの地域で重要な意味を持つ形容詞であり、荒天の際には、その場所がさらされる大気の乱れを表すものである。いつもその丘の上には、澄んだ、身の引き締まるような風が吹き抜けているに違いない。屋敷の外れに立っている数本の十分に背が伸びていないモミの木が極端に傾いていること、さらには、太陽の施しを渇望するかのように、一方向に枝を伸ばしている無数のやせた茨の列を見れば、崖を越えて吹きつける北風の威力を察することができるであろう。幸いにも、建築家はこの屋敷を頑丈に建てる先見の明を持っていた。狭い窓は壁の奥深くに埋め込まれ、屋敷の四隅は大きな突き出た石で守られている。

149

単語 語法

dwelling /dwélɪŋ/

名 住居〔かたい語〕、住宅、〔自分の〕家

significant /sɪgnífɪkənt/

形 際だった、重要な、特有の、特徴的な、〔統計的に〕有意の
» play a significant role in A　A において重要な役割を果たす
» have a significant impact on A　A に大きな影響を与える
» there is a significant increase in A　A が大きく増加する

provincial /prəvínʃəl/

形 地方の、地域の
» a provincial town　地方にある町、田舎町
» a provincial capital　州都、地方の中心都市

descriptive /dɪskríptɪv/

形 記述された、説明された
» be descriptive of ...　～を記述［描写／説明］している
さらに 名詞は description で「描写、説明」。
» a description of A　A の説明

atmospheric /ætməsférɪk/

形 大気（中）の、大気の作用による
» atmospheric carbon dioxide　大気中の二酸化炭素
» atmospheric pressure　気圧
さらに 名詞は atmosphere で「大気、雰囲気」。

tumult /tjúːmʌlt/

名 騒動、混乱、心の乱れ、ごちゃ混ぜ
atmospheric tumult は「大気の騒動」あるいは「大気の混乱」という意味になる。ここでは「風が強く吹いていること」を表している。
» calm a tumult　騒ぎを静める
» the tumult of A　A の騒々しさ、A がごちゃまぜの状態

bracing /bréɪsɪŋ/

形 爽やかな、身が引き締まるような

ventilation /vènɻəléɪʃən | -tɪ-/

名 換気、通風、風通し

» the ventilation system　換気システム

excessive /ɪksésɪv/

形 多すぎる、極端な

» (an) excessive use of A　A の極端な使用
» (an) excessive amount of A　A の過度な量

slant /slænt | slɑːnt/

名 傾向、観点、ものの見方、斜面、坂、傾いていること

» put (have) a different slant on A　A に関して違った見方をする
» put a new slant on the rules　そのルールについて新しい見解を示す
» the slant of a roof　屋根の傾斜

さらに 動詞として「傾く、傾斜する、を傾ける、～にある傾向を与える、歪曲する」
という意味をもつ。

» slant the news against A　A に不利になるようにニュースを歪曲する

stunted /stʌ́ntɪd/

形 成長不良の、成長が遅れた、いじけた

fir /fəːr/

名 モミの木

stunted firs は生育が芳しくないモミの木のこと。ブロンテはこの場面を、比喩を多
用し念入りに描いている。このような自然の描写は、嵐が丘の雰囲気を伝えるだけで
はなく、物語の重要な伏線となっている。具体的には、生育が芳しくないモミの木は、
ロックウッドに強烈な印象を残す。このモミの木は、翌日の夜に彼の夢の中で再び登
場する。そして、夢の中でモミの木はキャサリンの幽霊と変化していくのである。こ
のような、なんとなく不気味な雰囲気は亡霊が登場するゴシック小説の醍醐味の一部
である。

gaunt /gɔ:nt/

形 やせた、荒れ果てた、荒涼とした

gaunt は植物の描写で使われることが多い。

thorn /θɔ:rn/

名 茨、とげ

gaunt thorns は「痩せた茨」であるが、太陽を求めながらも、十分に日光が差し込まず光を求めて手を伸ばしている様子で描写されている。手を伸ばし命乞いをするかのようなイメージである。▶cf. P. 113

limb /lɪm/

名 〔人・動物の〕手、足、〔植物の〕枝

crave /kreɪv/

動 渇望する、切望する

crave の目的語には sugar や junk food のような体に良くないとされる食べ物が現れることが多い。

■ Eating salty foods every day would probably make anyone crave the taste of junk food more.
（毎日塩辛いものを食べていれば、誰でもジャンクフードの味をより欲するようになるだろう。）

alms /ɑ:mz/

名 施し物、施し、義援金

複数扱いで使う、やや古い語。

» give alms to A　A に施しをする
» alms box　〔教会などに備えつけてある〕寄付金箱

foresight /fɔ́:rsàɪt/

名 先見の明、計画性、洞察力、見通し、予想

» have the foresight to *do* ...　先見の明をもって〜する

defend /dɪfénd/

動 守る、防御する、擁護する、弁護する

» defend the idea that ...　〜という考えを擁護する

152

jutting /dʒʌ́tɪŋ/

形 突き出た

さらに jut out で「突き出る」。

- The rocks jutted out into the sea.
（岩が海に突き出していた。）

文法のポイント

① **Pure, bracing ventilation** they must have up there at all times, indeed:

① 目的語に注目を集めたい時に OSV の語順になる

　ventilation は「風が通り抜けること」という名詞で、今回の Pure, bracing ventilation は「澄み切った、身の引き締まるような風が通っている」と解釈できる。しかし、文構造に目を向けてみると、they must have の後に目的語がないのに気が付くだろうか。実は Pure, bracing ventilation という〈名詞のかたまり〉は must have の後ろから文頭に移動してきたものである。OSV という語順は、文頭の目的語に対して注意を引く効果がある。

② the narrow windows are deeply set in the wall, **and the corners defended with large jutting stones**.

② and の後の動詞の一部が省略されることがある

　the narrow windows are deeply set … では are (deeply) set と受動態になっている。これに続く and the corners defended with … では be 動詞が欠けていることに気が付くだろうか。これは、前半部分の受動態の are … set と be 動詞が共通要素となっているために省略されている。元々は the corners are defended with … のように受動態だったのだ。このように、等位接続詞 and がほぼ同じ文型、同じ動詞を用いた2つの文を結ぶ時、後半の文で共通要素の動詞が省略されることがある。このような〈共通要素の省略〉に気がつければ、より正確な読みが可能になるだろう。

Wuthering Heights

Emily Brontë

1801—I have just returned from a visit to my landlord—the solitary neighbour that I shall be troubled with. This is certainly a beautiful country! In all England, I do not believe that I could have fixed on a situation so completely removed from the stir of society. A perfect misanthropist's Heaven—and Mr. Heathcliff and I are such a suitable pair to divide the desolation between us. A capital fellow! He little imagined how my heart warmed towards him when I beheld his black eyes withdraw so suspiciously under their brows, as I rode up, and when his fingers sheltered themselves, with a jealous resolution, still further in his waistcoat, as I announced my name.
"Mr. Heathcliff?" I said.
A nod was the answer.
"Mr. Lockwood, your new tenant, sir. I do myself the honour of calling as soon as possible after my arrival, to express the hope that I have not inconvenienced you by my perseverance in soliciting the occupation of Thrushcross Grange: I heard yesterday you had had some thoughts—"
"Thrushcross Grange is my own, sir," he interrupted, wincing. "I should not allow any one to inconvenience me, if I could hinder it—walk in!"
The "walk in" was uttered with closed teeth, and expressed the sentiment, "Go to the Deuce!" even the gate over which he leant manifested no sympathising movement to the words; and I think that circumstance determined me to accept the invitation: I felt interested in a man who seemed more exaggeratedly reserved than myself.

When he saw my horse's breast fairly pushing the barrier, he did put out his hand to unchain it, and then sullenly preceded me up the causeway, calling, as we entered the court,—"Joseph, take Mr. Lockwood's horse; and bring up some wine."

"Here we have the whole establishment of domestics, I suppose," was the reflection suggested by this compound order. "No wonder the grass grows up between the flags, and cattle are the only hedge-cutters."

Joseph was an elderly, nay, an old man, very old, perhaps, though hale and sinewy. "The Lord help us!" he soliloquised in an undertone of peevish displeasure, while relieving me of my horse: looking, meantime, in my face so sourly that I charitably conjectured he must have need of divine aid to digest his dinner, and his pious ejaculation had no reference to my unexpected advent.

Wuthering Heights is the name of Mr. Heathcliff's dwelling. "Wuthering" being a significant provincial adjective, descriptive of the atmospheric tumult to which its station is exposed in stormy weather. Pure, bracing ventilation they must have up there at all times, indeed: one may guess the power of the north wind, blowing over the edge, by the excessive slant of a few stunted firs at the end of the house; and by a range of gaunt thorns all stretching their limbs one way, as if craving alms of the sun. Happily, the architect had foresight to build it strong: the narrow windows are deeply set in the wall, and the corners defended with large jutting stones.

単語・表現

landlord	家主
solitary	〔人・生活などが〕孤独な
A be troubled with B	AがBのことで迷惑をこうむる（Aが悩ませる）
fix on A	A〔人、モノ、日程など〕を選ぶ
stir	喧騒
misanthropist	人間嫌い
divide A between us	我々でAを分かち合う
desolation	荒涼とした場所
a capital fellow	素晴らしい人（仲間）
warm	好きになる
behold	～を見る
withdraw	引っ込む
suspiciously	疑わしげに
ride up	（～まで）乗っていく
shelter	～を隠す
jealous	用心深い
resolution	決意
nod	会釈
tenant	借りる者
I do myself the honour of *doing*	（お）～させていただく
inconvenience	迷惑をかける
perseverance	粘り強さ

solicit	懇願する
occupation	〔土地・家などの〕居住
grange	屋敷
interrupt	口を挟む
wince	しかめ面をする
hinder	防ぐ
utter	〔言葉を〕発する
sentiment	感情
deuce	悪魔
manifest	〔性質・感情など〕をはっきりと示す
sympathise	察する
circumstance	出来事
determine	決定する
exaggeratedly	輪をかけて
fairly	実際に
barrier	門
put out *one*'s hand to *do*	手を伸ばして～する
unchain	～の鎖を解く
sullenly	不機嫌に押し黙って
precede	～より先に行く
causeway	あぜ道
court	中庭

establishment	家	advent	来訪
domestic	使用人	dwelling	住居
reflection	考え	significant	重要な
compound	複合的な	provincial	地域の
no wonder ...	～なのは少しも不思議ではない	descriptive	説明された
flag	敷石	atmospheric	大気 (中) の
nay	いや、それどころか	tumult	騒動
hale	かくしゃくとした	bracing	身が引き締まるような
sinewy	がっしりした	ventilation	風通し
soliloquise	独り言を言う	excessive	極端な
undertone	低い声	slant	傾いていること
peevish	いらだった	stunted	成長不良の
displeasure	不満	fir	モミの木
meantime	その間に	gaunt	やせた
sourly	苦々しく	thorn	茨
charitably	寛大に	limb	枝
conjecture	～と解釈する	crave	渇望する
divine	神の	alms	施し
digest	～を消化する	foresight	先見の明
dinner	食事	defend	守る
pious	信心深い	jutting	突き出た
ejaculation	不意に言葉が出てくること		

📖 文献案内

参考にした文法・語法書

安藤貞雄（2005）『現代英文法講義』開拓社

江川泰一郎（1991）『英文法解説』金子書房

柏野健次（2012）『英語語法詳解』三省堂

小西友七（編）（2006）『現代英語語法辞典』三省堂

安井稔・安井泉（2022）『英文法総覧 大改訂新版』開拓社

Biber, D., Johansson, S., Leech, G., Conrad, S., & Finegan, E. (1999). *Longman Grammar of Spoken & Written English*. London, England: Longman.

Huddleston, R. & Pullum, G. K. (2002). *The Cambridge Grammar of the English Language*. Cambridge University Press.

Huddleston, R., Pullum, G. K., & Reynolds, B. (2021). *A Student's Introduction to English Grammar* (2nd ed.). Cambridge, England: Cambridge University Press.

Leech, G. & Svartvik, J. (2003). *A Communicative Grammar of English* (3rd ed.). London, England: Longman.

Quirk, R., Greenbaum, S., Leech, G., & Svartvik, J. (1985). *Comprehensive Grammar of the English Language*. London, England: Pearson Longman.

Swan, M. (2016). *Practical English Usage* (4th ed.). Oxford University Press.

参考にした辞書

井上永幸・赤野一郎（編）（2019）『ウィズダム英和辞典 第4版』三省堂

小西友七・南出康世（編）（2001）『ジーニアス英和大辞典』大修館書店

高橋作太郎・笠原守・東信行（編）（2012）『リーダーズ英和辞典 第3版』研究社

竹林滋（編）（2002）『新英和大辞典　第6版』研究社

野村恵造・花本金吾・林龍次郎（編）（2016）『オーレックス英和辞典 第2版 新装版』旺文社

南出康世・中邑光男（編）（2022）『ジーニアス英和辞典 第6版』大修館書店

山岸勝榮（編）（2015）『スーパー・アンカー英和辞典 第5版』Gakken

Longman Dictionary of Contemporary English 6th edition, Longman.

Oxford Advanced Learner's Dictionary 10th edition, Oxford University Press.

Collins English Dictionary 12th edition, Harper Collins.

参考にした翻訳書

エミリー・ブロンテ（著）；小野寺健（訳）（2010）『嵐が丘（上）』光文社

———；河島弘美（訳）（2004）『嵐が丘（上）』岩波書店

———；鴻巣友季子（訳）（2003）『嵐が丘』新潮社

オスカー・ワイルド（著）；河合祥一郎（訳）（2024）『新訳ドリアン・グレイの肖像』
　　　KADOKAWA

———；仁木めぐみ（訳）（2006）『ドリアン・グレイの肖像』光文社

———；富士川義之（訳）（2019）『ドリアン・グレイの肖像』岩波書店

ジェイン・オースティン（著）；大島一彦（訳）（2017）『高慢と偏見』中央公論新社

———；中野康司（訳）（2003）『高慢と偏見（上）』筑摩書房

ジョージ・オーウェル（著）；開高健（訳）（2013）『動物農場』筑摩書房

———；川端康雄（訳）（2009）『動物農場 おとぎばなし』岩波書店

———；高畠文夫（訳）（1972）『動物農場』KADOKAWA

ジョージ・オーウェル（著）；田内志文（訳）（2021）『1984』KADOKAWA

———；高橋和久（訳）（2009）『一九八四年（新訳版）』早川書房

スコット・フィッツジェラルド（著）；大貫三郎（訳）（2022）『グレート・ギャツビー』
　　　KADOKAWA

———；小川高義（訳）（2009）『グレート・ギャッツビー』光文社

———；野崎孝（訳）（1974）『グレート・ギャツビー』新潮社

———；村上春樹（訳）（2006）『グレート・ギャツビー』中央公論新社

チャールズ・ディケンズ（著）；池央耿（訳）（2006）『クリスマス・キャロル』光文社

———；越前敏弥（訳）（2020）『クリスマス・キャロル』KADOKAWA

———；脇明子（訳）（2001）『クリスマス・キャロル』岩波書店

ルイス・キャロル（著）；河合祥一郎（訳）（2010）『不思議の国のアリス』KADOKAWA

———；安井泉（訳）（2017）『対訳・注解 不思議の国のアリス』研究社

———；脇明子（訳）（2000）『不思議の国のアリス』岩波書店

📖 単語・表現索引

A

A be troubled with B	131
a capital fellow	132
a great deal	97
a man of A	79
a man of business	49
a sort of A	32
abnormal	101
accuse	102
acknowledged	69
administrator	48
advantage	95
advent	148
affect	79
after one's [its] fashion	34
afterwards	13
agree with one	77
all about it	73
all through A	28
alms	152
along with A	56
amidst	113
ancestor	45
and so	102
as dead as a door-nail	42
as is one's custom	115
as soon as s+v	27
as well as S could	11
assign	48
at birth	107
at last	73
at present	60
at the best of times	60
atmospheric	150
attach	101

B

bank	8
bargain	50
barn	30
barrel	
barrier	141
be cut up	49
be delighted with A	76
be done for	46
be filled with A	112
be good for A	41
be inclined to do	44
be privy to A	103
be quick to do	101
beam	33
bear	116
before long	34
behold	132
beneath	64
benevolent	34
blossom	116
boar	28
bore	99
bourdon	122
bracing	151
breast	55
bright	54
burden	117
burial	41
burn with curiosity	16

C

caption	64
causeway	142
chaise	76
'Change	42
charitably	146
chief mourner	41
circumstance	140
clamp	124

Index

clergyman	41
clerk	41
coffin	44
communicative	97
compound	142
confidence	104
conjecture	125, 146
consider	10
contrive	63
convey	118
court	142
crave	152
criticize	95
cry	74
curious	98
cut off	61

D

dance	24
deadest	44
dear	13
decency	107
defend	152
delicate	113
depict	58
descriptive	150
design	80
desolation	132
detect	101
determine	141
deuce	140
digest	147
dim	122
dinner	147
dip	18
disappearance	125
display	58
displeasure	146
disturb	45
divan	115

divide A between us	132
divine	147
domestic	142
door(-)nail	42
draw	25
dreadfully	49
dwelling	150

E

economy drive	61
ejaculation	147
electric current	60
emphatically	46
engage for A	87
enormous	58
ensconce	33
establishment	87, 142
ever since	95
exaggeratedly	141
excessive	151
excitement	125
executor	48
extraordinary	83

F

fairly	141
fantastic	117
feature	58
feel like A	95
feign	104
fir	151
fix on A	131
flag	143
flamelike	117
flash across one's mind	16
flat	62
flatter	83
flights up	63
flit	117
fluttering	28

161

follow A about [around]	64
for	48
for s+v	11
for some way	18
foresight	152
fortune	69
from side to side	25
full-length	124
fundamental	107
funeral	49

G

gaunt	152
gaze	63
get tired of doing	8
gilt	121
give over doing	84
give rise to A	125
gleam	116
go on	18
go out	27
go round	28
grange	137
grief	103
gritty	56
grown-up	84

H

habit	98
hale	145
hallway	57
handsome	83
hang from A	33
have a dream on A	29
have a moment to think about doing	18
have no objection to A	74
have one's share of A	83
hedge	16
hen-house	24
hinder	138

horn	122
hostile	105
How can it be otherwise?	47
how can you talk so!	80
How so?	79
hurry on	15

I

I assure you	87
I do myself the honour of doing	136
I don't mean to do	44
immobile	118
impatiently	74
in a … way	97
in an effort to do	55
in another moment	18
in consequence	98
in flight	117
in general	87
in possession of A	69
in preparation for A	61
in spite of the fact that …	34
in such cases	86
in time	16
in want of A	69
inconvenience	136
indeed	86
indoor	58
infinite	106
innumerable	116
insistence	121
interrupt	137
intimate	105
invitation	74
ironmongery	45
it is agreed that s+v	30
it is likely that s+v	80
It is more than s+v	86
it is no use doing	60

J

jade	118
jade-faced	118
jealous	133
judgment	98
jutting	153

L

laburnum	116
lady	73
landing	63
landlord	130
lately	33
legatee	48
let	73
levity	105
lift	60
light	113
limb	152
Lord	116
lurch	25

M

made one's way ...	26
majestic	34
make for A	60
manifest	140
mar	105
may	82
meantime	146
medium	118
merely	87
mind	10
misanthropist	131
momentary	118
monotonous	121
mourner	48
moustache	58
murmur	121

N

nature	99
nay	145
no wonder ...	143
nod	136
nonsense	80
not ... any more	97
note	122
now and then	117
nuzzle	55

O

occupation	137
occur	13
odour	112
of one's own knowledge	44
on that account	87
on the previous night	29
on the very day of A	49
on the way	63
once or twice	8
open up A	98
oppressive	122
ought to do	14, 84
out of the way	13, 31

P

pallid	118
parcell out A	107
particularly	44
partner	47
party	83
peep	8
peevish	146
perseverance	137
personal	124
pious	147
plagiaristic	105
platform	33
pleasure	11

163

politician	102
pop down	16
pop-hole	24
portrait	124
precede	142
preoccupation	105
pretend to do	83
prevent A from B	55
prize	28
property	70
provincial	150
public	125
put one's hand to A	42
put out one's hand to do	141

Q

quality	102
quiver	105

R

rag	57
raised	32
ready to do	31
reflection	142
regard	31
regard A as B	44
register	41
remarkable	12
reserve	98
reserved	97
residuary	48
resolution	134
return	73
revelation	105
ride up	133
rightful	70
roar	122
ruggedly	58
run	64
run across A	16

S

safely	30
say to oneself	13
scent	113
scullery	25
see no occasion for A	82
seldom	60
sentiment	140
servant	77
shall	13
shelter	133
shoulder one's way	121
significant	150
simile	45
sinewy	145
single	79
slant	151
slip	55
smell	57
snobbishly	106
snore	26
sole	48
solemnise (solemnize)	50
solicit	137
soliloquise	145
solitary	131
some one or other	70
sourly	146
start to one's feet	15
stir	113, 131
stirring	27
stout	33
straggle	122
straw	33
stretch	118
strike	54
stunted	151
stupid	11
sullen	121
sullenly	141

surrounding	70
suspiciously	133
swiftness	119
swirl	56
sympathise	140

T

tack	58
take A out of B	15
take possession	77
tenant	136
the name under which …	31
there is no doubt …	40
therefore	46, 81
think A over	13
think over A	13
thorn	113, 152
tiresome	80
to be sure	79
to begin with	40
trade	45
tremulous	116
trouble	11
tumult	150
turn A over (in one's mind)	94
tush	34
tussore-silk	117

U

ulcer	63
unchain	141
undertaker	41
undertone	146
undoubted	50
unhallowed	45
universally	68
unjustly	102
unmistakable	105
unmown	121
unsought	104

unusually	97
upright	124
use	9
utter	140

V

varicose	63
ventilation	151
veteran	99
victim	99
view	70
vile	55
vulnerable	94

W

warm	132
wh- + in the world	18
wince	137
wisdom	45
withdraw	132
woodbine	122
word	28
worth	11
Wuthering Heights	129

Y

year	94
you must know	76
you will permit me to do	46

著者プロフィール

倉林 秀男
くらばやし ひで お

杏林大学外国語学部教授。博士（英語学（獨協大学））。専門は英語学、文体論。＜ことば＞にかかわること全般を対象に研究を行っている。日本文体論学会代表理事・会長（2018年〜）、日本ヘミングウェイ協会評議員。著者に『英文解釈のテオリア』（Z会）、『ヘミングウェイで学ぶ英文法』（共著、アスク）、『日本語を教えるためのやさしい英語表現』（共著、くろしお出版）、『5語で通じるすごい英語表現』（共著、筑摩書房）などがある。

石原 健志
いしはら たけし

大阪星光学院中学・高等学校教諭。神戸市外国語大学大学院 博士後期課程在籍。専門は英語教育、第二言語習得論。中高生がつまずきやすい英語の文法項目に注目し、英語教員が教えるべき英文法について考察している。著者に『受験英語をバージョンアップする』（開拓社）、『入試実例コンストラクションズ 英文法語法コンプリートガイド』（編著、三省堂）、『英文長文のテオリア』『基礎英文のテオリア』（倉林氏との共著、Z会）などがある。

名作で身につく 心に残る英単語

初版第1刷　　　2024年12月25日

著者　　　倉林 秀男・石原 健志
発行人　　岡野 秀夫
発行所　　株式会社 くろしお出版
　　　　　〒102-0084　東京都千代田区二番町4-3
　　　　　［電話］03-6261-2867　　［WEB］www.9640.jp

印刷・製本　　　シナノ書籍印刷
ブックデザイン　福田あやはな

©KURABAYASHI Hideo, and ISHIHARA Takeshi 2024
Printed in Japan
ISBN978-4-87424-995-6 C0082

本書の一部または全部を無断で複製・複写・転売、スキャン・デジタル化等をすることは、著作権上での例外を除き禁じられています。代行業者等の第三者による本書の電子的複製も認められておりません。